Mike Hellwig
Radikale Erlaubnis
Energetischen Missbrauch erkennen und beenden
(Radikale Erlaubnis Projekt Band 1)

2. überarbeitete Auflage 2021
Mike Hellwig, c/o AutorenServices.de, Birkenallee 24, 36037 Fulda

Copyright 2014 Mike Hellwig

Covergestaltung: Mike Hellwig
Coverbild: Mike Hellwig
Textgestaltung: Monika Orend
Autorenfoto: privat

ISBN-13: 978-1499578546 (CreateSpace-Assigned)
ISBN-10: 1499578547

Mike Hellwig

Radikale Erlaubnis

Energetischen Missbrauch erkennen
und beenden

(Radikale Erlaubnis Projekt Band 1)

Ergänzende Veröffentlichungen zur „Radikalen Erlaubnis"

Bücher:

> **Traumaheilung durch Radikale Erlaubnis: Mein Leben mit Trauma und meine Therapie der Radikalen Erlaubnis** (*2016*)

> **Radikale Kreativität: Befreie deine schöpferische Energie** (*2017*)

Onlinekurse:

> *Einführungskurs Radikale Erlaubnis (for free)*

> *Radikale Erlaubnis Onlinekurs*

> *Trancekurs Radikale Erlaubnis*

Über Mike Hellwig

Mike Hellwig arbeitet seit über drei Jahrzehnten als Therapeut, Forscher und Künstler. Er hat die Methode der Radikalen Erlaubnis begründet und mehrere Bestseller geschrieben (über 100.000 verkaufte Exemplare).

Mike Hellwig ist durch seine einzigartige Authentizität und Direktheit bekannt geworden. Mit seine Methode hat er Tausenden von Menschen in kurzer Zeit zu signifikanten Durchbrüchen verholfen.

Seit 2024 bietet Mike Hellwig einen kostenfreien Online-Einführungskurs in die Radikale Erlaubnis an:

www.radikale-erlaubnis.de

Dieses Buch

Sich erlauben, absolut echt zu sein!

Das ist die Essenz der Radikalen Erlaubnis – einer Methode, die Mike Hellwig in seiner langjährigen therapeutischen Arbeit mit dem inneren Kind entwickelt hat. Sie besteht darin, jeden Gedanken, jedes Gefühl und jeden Konflikt unzensiert anzuerkennen.

In diesem ersten Buch seines groß angelegten *Radikale Erlaubnis Projekts* auf dem Weg zu einem Menschen, der sich vollumfänglich zu seiner Verwundung bekennt, gewährt der bekannte Therapeut einen rückhaltlosen Einblick in seine einzigartige Arbeit. Er leitet dazu an, den energetischen Missbrauch, den wir in unserer Kindheit erfahren haben und seitdem mit uns selbst und anderen betreiben, zu beenden. Er demonstriert, wie sich jede Neurose auflöst, wenn wir für unser Bauchgefühl eintreten und bekennen, was wirklich in uns lebendig ist.

„So knallhart unter dem Zwerchfell zu bleiben und sich nicht zu verstricken, ist eine Qualität, die entsteht, wenn wir uns erlauben, jeden Gedanken, jedes Gefühl, ja überhaupt jede Wahrnehmung als ein inneres Kind zu behandeln."

„Wenn du das hervorbringst, was in dir ist,
wird das, was in dir ist, deine Rettung sein.

Wenn du das, was in dir ist, nicht hervorbringst,
wird das, was in dir ist, dich vernichten."

Gnostisches Evangelium

Inhalt

Einleitung

Das Radikale in der Radikalen Erlaubnis ist, dass wir uns um das kümmern, was sich in uns wehrt, was sich im Widerstand befindet – und erlauben, dass es da sein darf, und zwar für immer.

Wenn wir uns zum Beispiel taub fühlen, wenn wir einfach nichts fühlen können, dann geht es nicht darum, doch noch irgendwie etwas zu fühlen, sondern anzuerkennen, dass es etwas in uns gibt, das nichts fühlen kann – und radikal zu erlauben, dass es so ist. *Dass es so etwas wirklich in uns gibt!*

Wir behandeln jeden Gedanken, jedes Gefühl, jede Empfindung, ja überhaupt jede Wahrnehmung als ein inneres Kind, das sich meldet und gehört werden will. Wir nehmen es wahr, und geben ihm die Erlaubnis, dass es genauso in uns da sein darf, wie es da ist. Es braucht sich nicht zu verändern, es darf so bleiben, wie es ist, und zwar für immer. Das heißt nichts anderes, als dem, was in uns gerade lebendig ist, volle Zustimmung zu geben. Genau in der Form, wie es durch uns in unsere Wahrnehmung kommt. In dieser Weise setzen wir ein grundsätzliches und bedingungsloses Ja zu uns selbst.

Wenn wir anfangen, zu erlauben, was in uns ist, begegnen wir zuerst unseren Wächtern. Das sind die Teile unserer

Persönlichkeit, die uns vor der Wiedererfahrung unserer Verwundung schützen wollen. Sie wehren sich dagegen, dass wir Schmerz und Angst erfahren, sie treiben uns an, dafür zu kämpfen, dass es uns gut geht und dass wir sicher sind. Erkennen wir diese Wächter nicht als Teile von uns, und lösen wir uns nicht aus der Identifizierung mit ihnen, dann ist unser Leben geprägt von dem ständigen Druck, kontrollieren und uns anstrengen zu müssen.

Diese Wächter sind, wenn wir sie genauer untersuchen, innere Kinder, die Angst haben, dass wieder das Schlimme von früher passiert. Sie wollen etwas Gutes, sie wollen uns retten, und sie wollen, dass wir endlich stark sind, am besten unverwundbar. Diese ungehörten Kinder sind es, die für unser Schutzverhalten verantwortlich sind, und die nicht wissen können, dass genau dieses Schutzverhalten immer wieder zur Reinszenierung unseres tiefsten Schmerzes führt. Wenn wir diese Kinder anerkennen, sie vollständig anhören und ihr Schicksal ans Licht bringen, befreien wir sie von ihrer Verantwortung, unseren Schmerz abwehren zu müssen. Dann können sie diese Last abgeben und entspannen.

Dieser Prozess, alles, was sich in uns wehrt, zu erlauben, führt dazu, dass das, wogegen sich alles wehrt, aufsteigt, und das ist die Erfahrung des tiefsten Schmerzes des

Verlassenseins. Wenn wir ihm erlauben in uns da zu sein, und das können wir, wenn wir zuvor alles erlaubt und anerkannt haben, was sich dagegen wehrt, dann spüren wir ihn als eine Präsenz im Körper, eine Energie, die dort tief in unserem Bauch ist, und sind mit ihr verbunden. Wir sehen dann unserem größten Feind direkt ins Auge und müssen uns nichts mehr vormachen und nicht mehr kämpfen. Es ist damit gut.

Ich nenne diesen Weg, diese Methode, die Radikale Erlaubnis und beschreibe sie in diesem Buch: Wir erlauben gemeinsam jede Schutzschicht in uns und gelangen eine Ebene nach der anderen in die Tiefe, bis wir auf dem Grund ankommen. Dort, auf dem Grund, erlauben wir, dass etwas in uns stirbt, dort auf dem Grund liegt die Wunde der Verlassenheit, dieser Schmerz, vor dem wir solche Angst haben, unser tiefster Schmerz. Wir tun alles dafür, haben alles dafür getan, ihn nie wieder fühlen zu müssen. Nicht wenige verbringen ihr ganzes Leben damit, diesen Schmerz zu kompensieren. Ich möchte, dass Sie das nicht tun. Ich möchte, dass Sie sich diesem Schmerz stellen, ihn direkt fühlen, weil ich weiß, dass dieser direkte Kontakt Frieden, tiefsten Frieden schenkt.

Ich weiß, dass es nicht einfach ist, da hinunterzukommen, kaum jemand geht da hinunter. Im Gegenteil, man hält uns für verrückt, wenn wir so etwas tun: Lenk dich ab, komm drüber weg, tu was für dich, das dir hilft, der Liebeskummer wird vergehen. Übergehe diesen Schmerz. Tue einfach so, als sei er nicht da, und bald schon, wirst sehen, ist er auch nicht mehr da. Tue so, als sei das, was gerade in dir ist, einfach nicht da!

Es gibt tausend Schein-Lösungen, tausend Versuchungen, davonzukommen und diese Schmerzerfahrung irgendwie zu überspringen, aber keine hilft. Keine wird uns Frieden bringen. Es scheint leichter, den Versuchungen zu folgen, und doch macht es alles nur schwerer. Wir müssen doch wieder zurück, zurück zu dem Punkt, an dem wir ausgewichen sind, und irgendwann müssen wir hinunter in unsere Tiefe und uns unseren Wunden stellen.

Ich habe mehrere Phasen erlebt, in denen sich meine Wunde öffnete und ich von meinem verlassenen inneren Kind überflutet wurde. Ausgelöst wurden diese Öffnungen meiner Verlassenheitswunde durch die Erfahrung einer existenziellen Niederlage in Kombination mit dem abrupten Verlust einer Beziehungspartnerin. Die Sufis nennen solche Zeiten, in denen unser Herz bricht, die dunkle Nacht der Seele. Es ist die schlimmste, schmerzhafteste Erfahrung, die wir machen können. Wie wir sehen werden, ist es zugleich die kostbarste – wenn wir wirklich durch sie hindurchgehen.

Zwei Mal bin ich im Widerstand steckengeblieben und habe mich, als ich glaubte, sterben zu müssen, in mein altes Leben zurückkompensieren können. Beim dritten Mal bin ich durch die dunkle Nacht der Seele hindurchgegangen, das heißt, ich bin nicht geflohen, sondern habe mich abgrenzen können von dem, was sich in mir gegen den Untergang wehrt. Ich bin in meinem Körper geblieben, unter dem Zwerchfell, und habe in meinem Bauch gespürt, wie es sich exakt auf der Empfindungsebene anfühlt. Ich habe der Angst, der Panik und dem riesigen Schmerz, den ich in mir trage, meinen Körper überlassen und mit voller Aufmerksamkeit diesen Prozess verfolgt. Dies führte mich zu der tiefsten Schmerzerfahrung, die ich je gemacht habe, und mitten in der Tiefe dieses Verlassenheitsschmerzes kam überraschend der Frieden. Als ich ganz und nur noch Schmerz war, als ich bereit war, in ihm zu sterben, kam die Stille. Der Strom meines unaufhörlichen Denkens hielt an, und übrig blieb – nichts! Gleichzeitig durchfuhr mich eine so intensive Glückseligkeit, eine solche Freiheit, wie ich sie noch nie empfunden hatte. In diesem Gipfelerlebnis erkannte ich, dass ich mein ganzes Leben lang gelitten hatte, weil ich versuchte, der Erfahrung dieses Schmerzes zu entkommen. Ich erkannte, dass es keinen, *keinen* Weg drumherum gibt, den Schmerz, den ich in mir trage, voll im Körper zu fühlen, ihn zu halten und durch ihn hindurchzugehen.

Im Folgenden schildere ich nun, wie das geht, mit allem jetzt da zu sein. Dabei verbinde ich methodische Erörterungen mit Beispielen aus meinen Seminaren und leite Sie dazu an, genauso wie die Teilnehmer, exakt zu erlauben, was gerade in Ihnen lebendig ist.

Ich wünsche Ihnen aus tiefstem Herzen, dass dieses Buch Ihnen dabei hilft, ganz behutsam die Schutzschicht um Ihr Herz aufgehen zu lassen. Ich möchte Sie einladen, Ihre Wunde zu öffnen und sich zu ihr zu bekennen. Dadurch heilt sie.

Ihr Mike Hellwig

Kapitel 1
Identifizierungen totalisieren

Wenn jemand in mein Seminar kommt und sagt: Ich leide unter Depressionen, und ich bin hierher zu dir gekommen, um sie endlich loszuwerden und mein inneres Kind wiederzufinden, dann sage ich: Ja, das ist gerade in dir da. Du nimmst wahr, etwas in dir ist depressiv, und etwas anderes in dir will das loswerden.

Nicht selten kann ein solcher Teilnehmer nur die eine Seite davon hören, und sagt dann: Genau, ich will das ganze depressive Zeug endlich loswerden, ich will wieder frei sein und Spaß haben. Der Teilnehmer merkt nicht, dass er identifiziert ist mit dem Teil, der die Depression weghaben will und jenen Teil von sich abspaltet, der aus gutem Grund depressiv ist. Wenn ich ihm sagen würde: Ja, du bemerkst, dass du etwas in dir hast, das depressiv ist, lasse es einmal wissen, dass es das darf, und zwar für immer! – dann würde der Teilnehmer aus seiner Identifizierung antworten: Das kann doch nicht dein Ernst sein. Ich leide fürchterlich, ich kriege nichts mehr auf die Reihe, ich denke immer wieder an Selbstmord, und du sagst mir, ich solle das einfach erlauben und dann sogar noch für immer. Du spinnst doch!

Das, was sich wehrt

In der Identifizierung, in dem Verschmolzensein mit einem Teil von uns, können wir dem nicht zustimmen, was in uns ist. Unsere Wahrnehmung von uns selbst ist fragmentarisch, wir nehmen eben nur einen Teil von uns wahr, deshalb fühlen wir uns im Defizit: Etwas muss passieren, damit wir ganz werden. Etwas in uns muss sich verändern, damit wir okay sein können. Sind wir also mit einem Teil von uns identifiziert, dann fühlen wir, dass uns etwas fehlt und dass wir unter dem Druck stehen, es in Ordnung bringen zu müssen. In der Identifizierung wehren wir uns immer gegen etwas, das auch in uns da ist.

In der Radikalen Erlaubnis fangen wir daher mit dem an, was sich wehrt. Das, was sich wehrt, darf nicht übergangen werden. Wenn wir es übergehen, passiert nichts oder nur das Altbekannte. Dann gibt es nur die alten Lösungen, die wiedergekaut werden, dann gibt es meist nur die Idee, noch mehr von dem zu tun, was bislang schon nicht funktioniert hat und was genau das Problem, unter dem wir jetzt leiden, hervorgebracht hat. Nun wollen wir es wieder versuchen, das einzig Neue ist, dass wir es mit noch mehr Druck, mit noch mehr Anstrengung, mit noch mehr Gewalt tun wollen. Es ist der sinnlose Versuch, einen Knoten zu lösen, indem wir stärker am Band ziehen.

Die Kraft der Anerkennung

In unserem Beispiel mit dem Teilnehmer bestätige ich daher die Identifizierung und mache sie stärker, damit sie ans Licht kommt, ich sage: Ja, du möchtest die Depression weghaben! Du möchtest absolut nichts mehr mit ihr zu tun haben. Das ist das, was gerade in dir lebendig ist. Dann sagt der Teilnehmer vielleicht: „Ja, ein Glück, jetzt hast du's endlich kapiert!" Er atmet tief durch und entspannt sich. Die Last, dafür kämpfen zu müssen, gehört zu werden, fällt von ihm ab. Er fühlt sich verstanden. Jemand hat ihm zugehört und lässt genau das zu, was jetzt gerade in ihm lebendig ist. Das ist Anerkennung.

Anerkennung, also Ja zu dem zu sagen, was jetzt gerade da und erfahrbar ist, hat eine riesige Kraft. Es sorgt für Entspannung. Der Teil in uns, der so sehr kämpft, wird in seiner Dringlichkeit und Not wahrgenommen. Er bekommt Aufmerksamkeit. Nun, wo er die Aufmerksamkeit bekommt, um die er gerungen hat, kann er seinen Griff lockern. Das merken wir durch einen unwillkürlichen, aus der Tiefe des Bauchraums kommenden Atemzug. Dieser Atemzug geht einher mit dem Gefühl, dass sich etwas in uns löst. Das Kriterium für *wirkliche* Anerkennung ist also, dass sich in unserem Körper etwas *wirklich* verändert: Wir sind anders da, genauer gesagt, wir sind erst jetzt überhaupt da.

Vorher waren wir mit unserer Aufmerksamkeit gar nicht im Kontakt mit unserem Körper und auch nicht offen für das, was in der Gegenwart passiert. Wir befanden uns hinter einer Milchglaswand, die nur schemenhaft durchließ, was uns umgab. Jetzt, wo wir unsere Identifizierung ans Licht bringen und insofern aus ihr heraustreten, dass wir sie ausdrücken und bekennen, spüren wir unseren Körper wieder, und erst jetzt haben wir auch die Offenheit, mit dem, was uns umgibt, in Kontakt zu treten.

Totalisieren: Die Identifizierung genießen

Aber ist der Teilnehmer nicht immer noch identifiziert? Ist er nicht immer noch mit dem Teil in sich verschmolzen, der die Depression weghaben will? Er hat doch noch gar keine Verbindung zu dem Teil, der depressiv ist?
Es stimmt, dass er noch keine Verbindung mit dem depressiven Teil in sich hat, aber identifiziert ist er nicht mehr. Indem er die Identifizierung mit dem Teil, der sich gegen die Depression wehrt, totalisiert hat, ist er aus ihr herausgetreten. Radikal Erlauben heißt totalisieren. Deshalb macht Radikale Erlaubnis Spaß. Es macht Spaß, den Teilen in uns, die um Aufmerksamkeit ringen, ganz bewusst das Terrain zu überlassen. Wir genießen unsere Identifizierungen. Der Teilnehmer, der sagt: *Ja, das stimmt,*

ich will diesen ganzen depressiven Schrott nur noch weghaben,
das ist es, was ich will und nur das! hat Spaß. Er genießt sein
Lebendigsein. Es ist gerade das Stärkste, das Intensivste,
was in ihm ist, und dieses ans Licht zu bringen und in
seiner ganzen Intensität zuzulassen, bringt Genuss und
Freiheit.

Unzensierte Sprache

Ich kann den Teilnehmer darin unterstützen, seine
Identifizierung noch mehr zu genießen, indem ich ihn
einlade, sich unzensiert zu ihr zu bekennen. Ich verwende
dazu die Wortformel *wie sehr* und ich baue unzensierte
Sprache hinein. Ich sage vielleicht: Wie sehr du diesen
verfluchten Depressionsscheiß weghaben willst!
Oder noch stärker: Wie sehr du auf diese beschissene
Depression scheißen kannst! Spontan lacht der Teilnehmer
vielleicht. Das geschieht, wenn ich genau die rebellisch-
kindliche Energie treffe und mit unzensierter Sprache
noch mehr Erlaubnis hineinweben kann. Dann können
diese bislang ungehörten Teile den letzten Anstrich von
Zensur abstreifen, sie können *pur* gespürt werden.

Es geht hier jedoch nicht um eine formelhafte Anwendung
von unzensierter Sprache. Es geht hier darum, in Kontakt
mit der „Energie" eines solchen Teils zu treten. Das tue
ich auch selbst, wenn ich solche Worte hervorbringe: Ich

spüre zu diesem Teil hin, tauche in seine Energie ein, ich besuche den Ort, an dem er wohnt, ich erspüre die Atmosphäre, die dort herrscht, und aus diesem Kontakt heraus lasse ich ungehemmt die Worte entstehen. Sie geben dem, was da ist, mehr Erlaubnis, sie machen das, was ist, stärker. Sie laden dazu ein, in die Vollen zu gehen und sich auch im sprachlichen Ausdruck bis zum Äußersten vorzuwagen. Dieses Vorwagen erweitert den Raum der Erlaubnis und bringt die Kardinal-Ressource *Humor* ins Spiel.

Kapitel 2

Der Raum der Erlaubnis

Wenn wir uns also in dieser Form absichtlich identifizieren, treten wir aus der Identifizierung heraus, weil wir sie zum Gegenstand unserer Wahrnehmung machen. Wir erfahren sie bewusst. Das heißt, nun gibt es also uns, diese Instanz, die zustimmt und Erlaubnis gibt, und eben diesen Teil, dem zugestimmt wird und der die Erlaubnis erhält.

Diese erlaubnisgebende Instanz in uns können wir auch als Raum bezeichnen:

Ich bin der Raum, in dem alles genauso da sein darf, wie es jetzt gerade da ist.

Und in diesem Raum ist ein Teil. Dieser Raum öffnet sich in unserem Beispiel in dem Moment, wo wir dem Teil in uns zustimmen, ihn erfahren und fühlen. Wenn wir sagen: Ja, stimmt, ich will diese Depression nicht mehr, das ist in mir gerade lebendig, sind wir also mehr geworden als nur dieser Teil. Indem wir voll und ganz zu diesem Teil werden, indem wir ihn anerkennen und zulassen, indem wir uns zu ihm bekennen, erschließt sich eine Art von Offenheit, eine erfahrbare Qualität von Weite, und diesen Raum, in dem alles so sein darf, wie es ist, können wir den Raum der Erlaubnis nennen.

Ich habe einen Gast!

Für diesen Raum der Erlaubnis gibt es viele gängige Begriffe: die Präsenz, der Zeuge, das reine Bewusstsein, das Selbst, das Nicht-Ich, das Nichts. Unabhängig von diesen Begriffen oder der mit ihnen verbundenen Philosophie handelt es sich hierbei jedoch um eine energetisch erfahrbare Qualität, die ich beschreiben kann als Weite, als Öffnung, als Im-Kontakt-Sein, als das Gefühl, dass im Grunde alles gut ist. Es ist eine bestimmte Art, im Körper da zu sein. Man spürt, wie man der Körper ist, „es fließt", sagt man vielleicht, es fühlt sich im Körper frei an. Ich nenne diesen Raum auch gerne den Gastgeber und die Teile, die in uns lebendig sind, Gäste. Diese Terminologie kann sehr hilfreich dabei sein, eine Identifizierung anzuerkennen: Wenn wir uns schlecht fühlen, in irgendeiner Weise, können wir sagen: Stopp! Ich habe einen Gast. Da es mir schlecht geht, habe ich einen Gast, ich erkenne das an. Schon das kann zu einem tiefen Atem führen und das Leiden, das wir in einer uns nicht bewussten Identifizierung mit einem Teil erdulden, beenden.

Wenn der Teilnehmer also in dieser Form seine Identifizierung anerkennt und ausdrückt, hat er in sich diesen Raum erschlossen, dieses *Mehr* in sich, das den Teil, der die Depression weghaben will, umhüllt. Er ist körperlich anders da. Er ist kein zusammengesunkenes, jammerndes Kind mehr, das mir gegenübersitzt und gerettet werden will, sondern ein Gegenüber, das sich selbst spürt, verantwortet und bekennt. Da diese Instanz des Gastgebers nun energetisch spürbar da ist, kann ich eine Instruktion geben, die das auch sprachlich zum Ausdruck bringt: „Magst du einmal dieses Etwas in dir, diesen Jungen in dir, der die Depression so sehr weghaben möchte, begrüßen, ihm ein Hallo hinschicken ..."

Ich spreche hier also nicht direkt mit dem Teil. Ich spreche mit der Instanz des Gastgebers, und ich unterstütze den Teilnehmer dabei, aus dem Gastgeber heraus mit seinem Gast zu kommunizieren. Zwischen mir und dem Teil des Teilnehmers ist diese vermittelnde Instanz des Gastgebers geschaltet. Das ist der entscheidende Aspekt dieser Arbeit: Auf diese Zwischenschaltung des Gastgebers und die mit ihr verbundene energetische Veränderung bleiben wir ausgerichtet.

In der Radikalen Erlaubnis weisen wir auf die Identifizierung hin, indem wir zwar exakt wiedergeben, was gesagt worden ist, aber dabei den Gastgeber ansprechen und das Defizit, egal welcher Art es ist, einem Etwas, also einem Teil von uns, zuweisen.

Nicht aber kommunizieren wir direkt mit dem Teil oder unternehmen gar den Versuch, ihn trösten oder retten zu wollen. Also sagen wir: Ja, das ist ja interessant. Du bemerkst

jetzt, dass da *etwas* **in dir** ist, das sich ganz traurig fühlt ...,
so als ob *es* in einem schwarzen Loch versinkt ..., magst du
es wissen lassen, dass du *es* wahrnimmst ..., dass bei dir
angekommen ist, wie traurig *es* ist ...

Übersicht: Gastgeber und Etwas

Abbildung 1: Hier kommuniziere ich mit dem Gastgeber des
Teilnehmers, der Teilnehmer kommuniziert aus der Gast-
geber-Position mit dem Teil in sich, daher sagt der Teilnehmer:
Ich nehme wahr, da ist etwas in mir, das fühlt sich ...

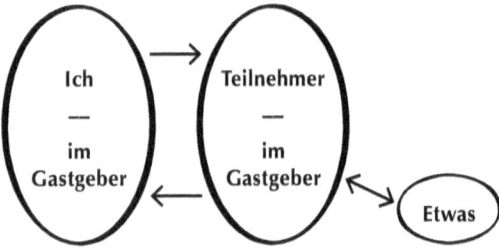

Abbildung 2: Hier identifiziert sich der Teilnehmer mit
einem Etwas und versinkt komplett darin. Deshalb sagt
er: **Ich** werde ganz traurig, es ist **alles** hoffnungslos.

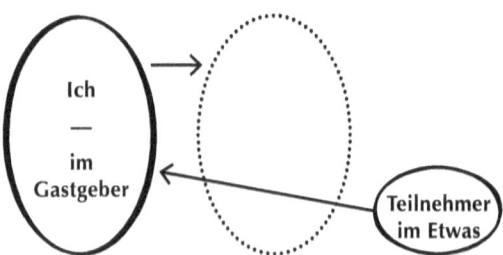

Das Anerkennen der Identifizierung und das damit verbundene Heraustreten aus ihr hat der Teilnehmer gerade zuvor erfahren. Er hat bereits die Spur gelegt, und er hat erlebt, wie es funktioniert. Deshalb mag es ihm nun leichter fallen, es sogleich wieder zu tun, dann nimmt er meine Einladung an und kommuniziert sofort wieder aus dem Gastgeber mit diesem Teil. Nun berichtet er:

(Die drei Punkte ... zeigen das *Felt-Sensing* [1] an: Pausen, in denen die Teilnehmer oder ich in den Körper spüren, um von dort die Worte kommen zu lassen.)

Teilnehmer: Es ist ein Junge, der schaut ganz erstaunt, dass jemand da ist ...

Ich: Magst ihn wissen lassen: Ja, ich bin da!

Teilnehmer: Ja, mache ich ..., mh, er glaubt das nicht. Du gehst sowieso gleich wieder weg, sagt er. Immer gehen alle wieder weg ...

Ich: Magst ihn wissen lassen, dass bei dir angekommen ist, wie sehr er dir nicht glaubt, wie sehr er glaubt, dass alle immer wieder weggehen ...

Teilnehmer: Oh, puh, jetzt kommt aber die Einsamkeit, mein Gott, er fühlt sich total einsam ..., total verlassen ... (Tränen)

Ich: Ja, ... total einsam, total verlassen ..., und wie sich das im Körper *exakt* anfühlt ...

Teilnehmer: Wie eine Welle aus Schmerz ..., nein, viel

größer, wie ein Meer aus Schmerz, ja, das passt, ein Meer aus Schmerz, mh ..., das ist jetzt komisch, es fühlt sich jetzt auch warm an, warm und tragend ..., vertraut ..., das ist jetzt überraschend (tiefer Atem), der Junge fühlt sich darin wohl ..., sogar geborgen, geschützt ..., richtig sicher!

Ich: Ja ..., magst ihn wissen lassen, dass er das darf, er darf das ..., wie sicher, geschützt und geborgen er sich fühlt, das darf er und du bist bei ihm ...

Teilnehmer: Jetzt breitet sich eine Wärme in meinem Bauch aus, Wahnsinn, was für eine Lebendigkeit ...

Ich: Ja, magst dir Zeit nehmen und diese Wärme und Lebendigkeit voll genießen ...

Teilnehmer: Ja, das mache ich jetzt ..., Danke.

Wesentliche Schritte

Der wichtigste Schritt in der Radikalen Erlaubnis ist, zu bemerken, dass wir identifiziert sind. Das kann ich nicht genug betonen. Dieses Anerkenntnis: Stopp! Ich fühle mich nicht wohl, aha, also bin ich identifiziert, ich habe einen Gast, ja, das stimmt, das ist wahr, ich gebe es zu! Dieses Anerkenntnis leitet den Wandel ein, es verändert das Gefühl, im Mangel zu sein. Denn wenn wir unsere Identifizierung nicht mitbekommen, glauben wir tatsächlich an den Mangel. Wir glauben mit vollem Ernst, dass uns etwas fehlt, dass wir nicht okay sind, und dass etwas passieren, hinzugefügt oder repariert werden muss, damit wir okay werden. In der Identifizierung leiden wir, stehen unter Druck und benötigen Zukunft, Zeit und Veränderung.

Wenn wir aus der Identifizierung heraustreten, indem wir sie anerkennen und da sein lassen, *sie genießen*, benötigen wir keine Zukunft und keine Zeit. Die Gegenwart reicht völlig aus. Wir benötigen keine Veränderung, wir genießen das, was ist. Nichts fehlt.

Unser Ziel ist es nicht etwa, *statisch* niemals identifiziert zu sein. Unser Ziel ist, unsere Identifizierung zu erkennen, sie anzuerkennen, sie bewusst zu erlauben und komplett zu erfahren. Wir begrüßen daher unsere Identifizierungen, wir laden sie herzlich ein, da zu sein.

Mitzubekommen, anzuerkennen, dass wir identifiziert sind, ist also der Schlüssel. Erst wenn wir unsere Identifizierung entdeckt und anerkannt haben, können wir mit diesem Teil in uns, mit dem wir identifiziert waren, in eine Beziehung treten, das heißt, diesem Teil von uns ein Gegenüber sein, das ihm zuhören und ihn begleiten kann.

Kapitel 3
Nach der Anerkennung
kommt die Beziehung

Wenn wir anerkennen, dass wir einen Gast haben, geben wir zu, dass wir identifiziert sind. Gleichzeitig behaupten wir damit, dass wir besucht worden sind und dass, wie jeder Besuch, auch dieser vorübergehender Natur sein wird. Denn das Kennzeichen eines Gastes ist es, dass er kommt und auch wieder geht. Diese Bewusstheit, dass das, was jetzt in uns da ist, nicht für immer und ewig da ist, dass wir nicht sogleich daran sterben werden, wenn etwas Unangenehmes in uns ist, sondern es wieder vergehen und sich verändern wird, ermöglicht uns die Abgrenzung von unserem Gast: Es bringt dieses entscheidende *Mehr* hinzu, den Gastgeber. Im Anerkennen der Identifizierung erschließen wir den Raum in uns, der notwendig ist, um diesen Gast überhaupt erst kennenlernen zu können. Das Anerkennen kommt also vor dem In-Beziehung-treten.

Pseudo - Anerkennen

Das Anerkennen, dass da ein Gast in uns ist, schafft Distanz, noch nicht Nähe. Erst diese Distanz, die durch unsere Abgrenzung als ein Ich von einem Etwas entsteht, schafft die Voraussetzung, um mit dem Etwas in Beziehung treten und Nähe herstellen zu können. Es ist also eine Distanz, die auf den Aufbau einer Beziehung hinzielt.

Ganz anders verhält es sich, wenn wir ein Pseudo-Anerkennen betreiben: Dann erkennen wir ein Etwas nur an, um uns in Wahrheit davon zu verabschieden. Die Distanz, die wir hierbei erstreben, zielt nicht auf eine Beziehung mit dem Etwas hin, sondern auf eine dauerhafte Abtrennung, eine Dissoziation. Hier entgeht uns, dass wir mit einem Teil identifiziert sind, der das, was wir anzuerkennen versuchen, weghaben will.

Das habe ich im Laufe der Jahre immer wieder bei Seminarteilnehmern beobachtet, die die Radikale Erlaubnis neu kennengelernt haben, aber gleich wieder als Werkzeug zum Abspalten missverstehen: Eine solche Teilnehmerin sagt dann sinngemäß: Ja, bei mir ist da gerade eine Verunsicherung, aber *es ist ja nur ein Teil von mir!* Im Subtext sendet sie: *Ein Glück, es ist nur ein Teil, aber nicht ich! Ich will nichts mit ihm zu tun haben!* Dabei geschieht keine Veränderung im Körper, kein tiefer Atem kommt, stattdessen verstärkt sich die nicht erkannte Identifizierung. Auch hier unterstütze ich die Teilnehmerin darin, ihre nicht erkannte Identifizierung mit dem Teil in ihr, der die Verunsicherung weghaben will, zu totalisieren. Dazu provoziere ich sie, indem ich sie zu etwas einlade, was sie in ihrer Identifizierung nicht tun kann: Magst du einmal ganz in die Verunsicherung hineingehen, nur noch *sie* sein, sonst nichts ..., und wie sich das im Körper anfühlt ...

Teilnehmerin: Das kann ich nicht!

Ich: Sag der Verunsicherung in dir einfach: Nur du! Nur noch du!

Teilnehmerin: Nein, das will ich nicht. Dagegen wehrt sich *alles* in mir!

Ich: Ja, dagegen wehrt sich *alles* in dir!

Teilnehmerin: Ja ..., dieses Gefühl ist nämlich Scheiße! (lacht, atmet tief durch, entspannt sich)

Ich: (lache) ... ja, dieses Gefühl ist die Scheiße ...

Teilnehmerin: Genau!

Ich: ... magst du diesen Teil, für den das wahr ist, einmal in dir begrüßen, ihm ein Hallo hinschicken und ihn wissen lassen: Ja, bei mir ist angekommen, wie scheiße du das Gefühl dort findest, und du darfst das! Du darfst so empfinden ...

Teilnehmerin: Ja ..., das tut gut!

Ich: Ja, das tut ihm gut. Magst ihn wissen lassen, dass bei dir angekommen ist, wie gut ihm das tut ...

Teilnehmerin: (tiefer Atem) ... mh, beruhigt sich, jetzt beruhigt er sich ...

Ich: ... mh, und bei ihm bleiben ...

Teilnehmerin: Ja, das möchte ich jetzt ..., Danke.

Das *große* Hallo

Wenn wir wie diese Teilnehmerin uns unserer Identifizierung bewusst werden, entsteht ein Aha-Effekt: Ach, das ist tatsächlich bei mir los, ja, *das ist es!* Damit einher gehen Neugier und Interesse. *Ach, interessant, darüber möchte ich mehr wissen, das interessiert mich ...* Dieses neugierige Interesse, das wir nun unserem Innenleben schenken, ist *die* Chance für unsere inneren Anteile, endlich gehört zu werden. Sprachlich signalisieren wir unseren Teilen diese freundliche Einstellung, indem wir sie mit einem Hallo einladen, sich zeigen zu dürfen: *Hallo, ich nehme dich wahr, du bist da!* Ein solches Hallo, aus einem wirklichen Interesse heraus gesprochen, übt diesen unwiderstehlichen Sog auf unsere Teile aus, ans Licht zu kommen und sich zu offenbaren. Wie feindlich, wie misstrauisch, wie entstellt sich unsere inneren Anteile im ersten Moment auch zeigen mögen, im Grunde wollen sie nur ans Licht. Sie wollen mit dazugehören. Wir müssen sie jedoch genau da abholen, wo sie sind, ohne Druck auf sie auszuüben, dass sie sich verändern müssen. Das geht nur aus der Gastgeberposition.

Gastgeber - Test

Ob wir in dieser Position sind, zeigt uns ein Test: Wenn wir aus offenem Herzen sagen können: Ja, du darfst so da sein, und zwar für immer!, dann sind wir im Gastgeber. Wenn wir das nicht ehrlich sagen können, wenn wir ein *Nein, ich will nicht, dass dieser Teil für immer so bleibt!* in uns finden, dann sind wir mit einem Teil identifiziert, der sich gegen den anderen Teil wehrt und ihn verändern will. Dann müssen wir zunächst diesen Teil in uns erlauben und anhören: *Ja, du bist da. Und bei mir ist angekommen, wie sehr du das andere dort weghaben willst. Wie sehr du möchtest, dass das sich dort verändert ..., ja, du darfst das. Auch wenn ich mich jetzt diesem Teil dort zuwende, bleibe ich im Kontakt mit dir!* Sollte dieser Teil nun antworten: Nein, ich will nicht, dass du dorthin gehst!, bestätigen wir auch diesen Einwand mit Radikaler Erlaubnis: *Ja, das höre ich, wie sehr du jetzt möchtest, dass ich nicht dahingehe.* Da wir auch diesen Einwand hören und damit signalisieren, dass wir wirklich im Kontakt mit ihm bleiben, besteht eine gute Chance, dass er sich entspannen kann. Gibt er auch jetzt den Weg nicht frei, bleiben wir bei ihm. Dann muss noch etwas gehört werden. Wir übergehen aber diesen Teil nicht. Notfalls arbeiten wir mit ihm für den Rest unseres Lebens. Dies wird aller Wahrscheinlichkeit nach nicht notwendig sein, aber diese Entschiedenheit, diese *Determiniertheit* ist es, die unseren Teilen jene Sicherheit gibt, die notwendig ist, damit sie aus ihrer Verbannung hervortreten und sich zu zeigen wagen.

Zuhause sein

Teile in uns radikal zu erlauben, bedeutet nicht, ihnen zu gehorchen. Es bedeutet, ihnen zuzuhören, zu ihnen hinzuspüren, sie ganz anzuerkennen, wie sie da sind. Dann beruhigen sich die Teile. Für die Teile ist das so, als ob jetzt endlich jemand zuhause ist und die Verantwortung übernimmt. Das entlastet unsere Teile. Natürlich hören sie auch genau hin, wenn wir mit einem anderen Teil arbeiten und ihn radikal erlauben. Dann sagen sie sich: Moment, wenn der da so erlaubt wird und ganz da sein darf, dann klappt das vielleicht auch bei mir, ich mache mal einen ersten Vorstoß ..., und plötzlich spüren wir ein Muskelzucken im linken Oberschenkel. Sind wir wach und bereit, uns Aufmerksamkeit zu schenken, dann spüren wir dort direkt hinein und schicken ein *Hallo* hin: *Hallo, du bist da. Ich nehme dich wahr!* Eine solche subtile Empfänglichkeit ist besonders für die Anteile von uns wichtig, die lange nicht gehört worden sind. Ich nenne sie *die Grafen von Monte Christo.*

Kapitel 4
Selbstsabotage

Wenn wir kleine Kinder in einem dunklen Keller wegsperren, verwahrlosen sie. Sie werden so schmutzig, dass sie nicht mehr als Kind zu erkennen sind. Erst sind sie im Schock, dann, wenn ihnen klar wird, dass sie verraten und wirklich fallengelassen worden sind, dass niemand kommen und sich um sie kümmern wird, kündigen sie ab und werden böse. Je länger ihre Nichtbeachtung andauert, desto größer wird ihre Verbitterung. Wenn ihnen nach Jahrzehnten die Flucht gelingt, entspricht ihre Gemütslage der des Grafen von Monte Christo: Ihre Lebensenergie ist hoch, aber voll gegen die Verräter gerichtet, also gegen uns. Wir sind die Verursacher ihrer Leiden, wir sind verantwortlich für den Verrat und die Kerkerhaft. Daher wollen sie Rache und verlangen nach Genugtuung. Sie finden keine Ruhe, bis sie uns entweder zerstört haben oder gehört worden sind. Gehört meint, dass ihr Leiden von uns erfühlt und ihre tiefste Sehnsucht vollständig anerkannt worden ist. Erst dann, wenn ihr Schicksal in unseres eingeflossen und daher zu unserem geworden ist, erübrigen sich Rache und Sabotage. Dann fließt uns die gesamte vitale Lebensenergie wieder zu, die zuvor in ihnen gebunden und gegen uns gerichtet war.

Wenn Umstände eintreten, die unsere normale Kompensation schwächen oder gar zusammenbrechen lassen, etwa der Verlust eines Partners, unseres Jobs, unseres Zuhauses, oder ein Unfall, dann kann unseren geleugneten Anteilen die Flucht aus dem Kerker der Nichtbeachtung gelingen. Sie zeigen sie sich dann als körperliche Symptome, Krankheiten oder psychische Störungen, etwa als Sucht- oder Depressionsanfall. Immerhin sind sie jetzt am Licht. Wir hingegen – in unserer Gegenidentifizierung – spielen natürlich die Überraschten, die gar nicht wissen, was diese Störung mit uns zu tun haben soll, wir halten sie für sinnlos, für einen Irrtum im Universum. Daher glauben wir, die Störung müsse so schnell wie möglich beseitigt werden, und dann sei wieder alles gut.

Ich weiche nicht!

Haben wir zuvor nichts von diesen Anteilen in uns gewusst, betrachten wir sie nun, wo sie am Licht sind, als Feinde, die uns unsere Lebensfreude stehlen und daher besiegt oder weggemacht werden müssen. Genau das ist der Irrtum. Ohne unser Symptom hätten wir nicht mehr Lebensenergie, sondern weniger. Ein Großteil unserer Lebendigkeit ist im Symptom gebunden und zwar genau in der Form, wie es da ist. *Das Symptom ist Lebensenergie!*

So müssen wir zu dem Symptom hin und nicht von ihm weg, und wir müssen sogar *exakt* zu ihm hin: Mit einem Symptom in Kontakt zu treten, heißt: *exakt zu spüren, wie wir es genau jetzt im Körper empfinden.*

Das ist etwas ganz anderes als eine Deutung: *Meine Allergie bedeutet, dass mein Körper meine Aggression ausdrücken muss, weil ich sie unterdrücke!* Eine solche Deutung schafft Distanz zur Form. Anstatt aber zu erschließen, zu erahnen und wissen zu wollen, wozu ein Symptom da ist, schicken wir stattdessen ein vorbehaltloses Hallo zu dem Symptom – zu dem, wie es jetzt als Empfindung im Körper spürbar ist. In dieses Hallo packen wir die gesamte Radikale Erlaubnis hinein:

Hallo, du bist da, und zwar genauso, wie du da bist. Und ich bin auch da, das heißt, ich wende mich dir zu. Egal, was du jetzt machst, ich bin da, ich höre dir zu. Soweit bin ich jetzt. Ich baue hier ein Zelt auf, direkt bei dir. Auch wenn du nichts tust, bin ich bei dir und bleibe bei dir. Auch wenn du ausrastet, bleibe ich hier. Du darfst mir alles zeigen, wirklich alles, und ich gehe nicht weg! Ja, überprüfe das nur. Du brauchst mir nicht zu glauben, du brauchst mir nicht zu vertrauen, ganz im Gegenteil: Du darfst mir misstrauen! Du darfst wütend auf mich sein, du darfst mich ignorieren. Du darfst mich beschimpfen, du darfst mich hassen. Du darfst mir zeigen, wie alleingelassen und wie verraten du dich fühlst. Du darfst mir alles zeigen, was dir angetan wurde, *und ich weiche nicht!* Ich gehe mit dir durch alles hindurch. Es kann sein, dass andere Teile auftauchen, die nicht mit dir einverstanden sind, die sich vor dir fürchten und dich weghaben wollen. Darauf passe ich auf. Wenn so etwas passiert, trete ich dazwischen und schütze dich. Um die anderen Teile kümmere ich mich schon, lass sie meine Sorge sein! Ich sorge dafür, dass sie dir nicht zu nahe kommen. Das alles meine ich damit, wenn ich dir jetzt Hallo sage.

Sprung in eine freundlichere Welt

Wenn wir eine Empfindung unseres Körpers, zum Beispiel eine Verspannung in unseren Schultern, als ein Kind betrachten, das sich in uns meldet, wird deutlich, wie groß der Schritt ist, den wir mit einem Hallo vollziehen. Dieses Kind, das sich in Form der Anspannung in unseren Schultern meldet, befindet sich in Not, es ringt um unsere Aufmerksamkeit. Wenn wir es als Störung betrachten, die weggemacht werden soll, können wir uns leicht vorstellen, wie dieses Kind darauf reagiert: Es wird noch mehr in Not geraten, es wird Angst bekommen, nicht und vielleicht niemals gehört zu werden, daher wird es nach drastischeren Mitteln greifen, Gehör zu finden. Wer

Kinder hat, weiß das. Wenn wir einen Ausflug machen wollen und ignorieren, dass unser Kind keine Lust mehr hat, dann wird uns unser Kind den Ausflug vergällen. Der Ausflug, der eigentlich zu einem schönen, freudvollen Erlebnis werden sollte, verwandelt sich, solange das Kind nicht gehört wird, zu einer Wanderung durch die Hölle: Jede Idee, jeder Vorschlag von uns, wird von unserem Kind gnadenlos zurückgewiesen oder sabotiert werden; Federball mit einem lustlosen Kind zu spielen, macht jeden fertig.

Das alles passiert, weil wir unser Kind nicht ins Boot geholt haben. Daher ist unsere Bootsfahrt sinnlos und voller Leid. Wir hatten das Ziel, mit unserem Kind eine intensive, innige Zeit zu erleben, aber anstatt dieses Ziel direkt anzusteuern und mit dem Kind in seiner gegenwärtigen Gemütsverfassung in Kontakt zu treten, haben wir mit der Brechstange gearbeitet und wundern uns dann noch, dass dieser gewalttätige, feindselige Umgang mit unserem Kind zu einem Desaster geführt hat.

Das ist aber genau der Umgang, den wir in der Regel mit uns selbst betreiben: Da ist etwas, das meldet sich in uns, uns stört das, wir wollen das wegmachen, und dadurch erzeugen wir etwas, das noch schlimmer ist. *Oh mein Gott, meine Schultern sind so angespannt, ich halte das nicht mehr aus, ich muss dringend zum Masseur oder Therapeuten!* Anstatt so unbewusst identifiziert zu bleiben, können wir stattdessen zu einem Forscher werden, der sich für diese Anspannung interessiert. Das, was vorher Störung war, wird zu einem Phänomen unseres Interesses.

Wenn wir zu unserer Anspannung sagen: *Hallo mein Schatz, ich bin da, und ich höre dir jetzt zu! Du interessierst mich. Ich möchte wirklich wissen, was in dir gerade geschieht!*, dann ist das der *Shift*, die Umschaltung in unserem gesamten System. Es ist der Sprung in eine freundlichere Welt.

Keine Trockenübung

Auch hier geht es nicht um das Aussprechen der richtigen Worte, wir können einem Kind nichts vormachen. Es geht um das energetische Phänomen einer offenen, alles erlaubenden Zuwendung. Wenn wir es im Hintergrund doch noch manipulieren und zu etwas bringen wollen, spürt das Kind den Veränderungsdruck, den wir insgeheim ausüben, und wehrt sich mit Recht.

Diese Schritte breite ich hier so ausführlich aus, weil sie grundlegend sind. Es sind keine Schritte, die es formal auszuführen und abzuhaken gilt. Diese Schritte, das Anerkennen und in Beziehung treten zu einem Etwas, das in uns lebendig ist, müssen vollzogen werden, das heißt, gefühlt werden. Sonst sind sie nur eine bedeutungslose Trockenübung.

Kapitel 5
Heb' deine verdammte Hand

Unser Körper lässt sich nicht von Worten, von Inhalten irritieren, unser Körper reagiert direkt auf die *Energie*, die ihn trifft. Er benötigt keine Analysen. Solche komplizierten Denkvorgänge wie Analysen lenken nur von der Wahrheit unseres Körpers ab. Unser Körper, insbesondere unser Bauch, verfügt über ein Sensorium, das direkt erspürt, wie sich die Situation, in der wir uns gerade befinden, *insgesamt* anfühlt. Dieses Sensorium in unserem Bauch funktioniert in Echtzeit und ist unkorrumpierbar. Wenn sich etwas im Bauch nicht gut anfühlt, dann nicht, weil wir nicht in Ordnung sind oder weil wir in der Kindheit einen Schaden abbekommen haben, sondern weil es sich gerade nicht gut anfühlt, Punkt.

Übergehen wir dieses Bauchgefühl, *weichen wir aus, anstatt dafür einzustehen*, kommt die Neurose. Dann bleiben wir in dieser Situation stecken und perpetuieren sie, das heißt, wir denken sie ständig wieder durch und versuchen, sie durch Analyse nachträglich doch noch stimmig zu machen. Da dies nicht gelingt, beginnen wir, die Sache eine Ebene tiefer zu legen: Nun denken wir über unsere grundsätzliche Minderwertigkeit nach. Wir glauben, etwas stimmt nicht mit uns, ganz tief im Grunde, und das muss repariert werden, sonst können wir niemals im Frieden mit uns sein. Das nenne ich Neurose.

Eine Neurose entsteht, wenn wir unserem Bauchgefühl ausweichen, anstatt für es einzustehen. Das ist meine gesamte Neurosenlehre. Ähnlich klar und einfach sehe ich die Heilung, sie lautet: *Heb' deine verdammte Hand, wenn es sich im Bauch nicht gut anfühlt!* Sage: *Stopp! Hier in meinem Bauch zieht sich etwas zusammen. Solange das hier nicht geklärt ist, mache ich hier gar nichts mehr mit.* Und dann folge deinem Bauch.

Totale Entlastung

Unserem Bauch zu folgen, heißt, ihm die Verantwortung zuzuschanzen. Soll doch er, unser Bauch, diese ganze Sache mit unserem Leben in den Griff kriegen, denn wir schaffen es nicht – jedenfalls nicht, ohne uns fertigzumachen. Wir haben doch hinreichend versucht, das Leben zu leisten: Jahr um Jahr, von morgens bis abends haben wir uns bemüht, alles zu kontrollieren, alles zu bedenken, es allen recht zu machen und uns selbst dabei nicht zu verlieren. Wenn wir ehrlich sind, dann müssen wir anerkennen, dass es das nicht bringt. Unser tiefes Abkündigungsgefühl geht nicht weg, es wird auch immer schwerer, es noch zu unterdrücken. Dieses Abkündigungsgefühl bleibt nur deshalb da, weil es *berechtigt* ist. Es zeigt an, dass wir uns auf einem Irrweg befinden, und dass einem Teil von uns längst gedämmert ist, dass wir für diese Anstrengung keinen Lohn erhalten, nicht jetzt und niemals. Wenn wir uns mit unserem inneren Kind beschäftigen, dann muss dabei Entlastung für uns herausspringen, und zwar eine grundsätzliche und totale Entlastung. Sie wird sich einstellen, wenn wir die Führung an unseren Bauch abgeben und ihn mal machen lassen. Wohin das führt, ist nicht mehr unser Bier, es ist seins!

Der Neurotiker in uns (eine Variante des inneren Kritikers) geht diesen Weg nicht mit. Der macht eine Theorie daraus und philosophiert darüber, warum es nicht geht, im Jetzt da zu sein. Der sagt dann: Das mit der Hand heben, wenn es sich im Bauch nicht gut anfühlt, klingt schön, aber das kann man eben nicht machen, wenn man beim Chef in der Sitzung ist.

So eine Aussage ist tragisch. Sie ist absolut lebensverneinend. Sie bringt das ganze neurotisch-konditionierte Denkgebäude wieder rein. Eben winkte noch Freiheit, nun doch wieder die Resignation. Der Neurotiker schafft es sofort, uns mit seinem ewigen Lied vom *Aber* die Stimmung zu versauen. Deshalb müssen wir aus der Identifizierung mit ihm aussteigen und die Lüge aufdecken, die er uns hier auftischt: *Natürlich muss man es beim Chef in der Sitzung tun!*

Wiedergewinnung der Würde

Dort ist der beste Platz, mit seinem Bauchgefühl in Kontakt zu treten und ihm bedingungslos zu folgen. Da, wo es schwer ist und wo es richtig heftige Konsequenzen haben kann, da ist der richtige Ort. Dort, wo die Versuchung zur Verleugnung am Stärksten ist, genau da beginnen wir und tun einen ersten, aber sogleich riesigen Schritt zur Wiedergewinnung unserer Würde. Auf irgendeine günstige Gelegenheit zu warten, im Sinne von *Ich bin noch nicht soweit* heißt, nie so weit zu sein. Jetzt, in diesem Moment, egal, wo wir sind, können wir mit unserem Bauchgefühl in Kontakt treten, hinspüren und dafür einstehen. Wenn wir das tun, auch beim Chef in der Sitzung, wird unser Leben auf jeden Fall besser, nicht schlechter. Erst jetzt leben wir doch überhaupt wieder. Vor allem gewinnen wir sofort unsere Würde zurück: Die Gefangenschaft, die Ohnmacht, die Hemmung – dieses ganze marode, abhängig-kranke Denkgefängnis bricht endlich zusammen.

Der Rebell und seine Empörung

Und wenn der Chef mich rausschmeißt, weil ich auf mein Bauchgefühl gehört habe? Wie soll ich dann für meine Familie sorgen? Ja, mein Gott, dann krepier' doch an deiner feigen, verlogenen Behaglichkeit! Allein eine solche Frage zu stellen, ist krank: Was ist denn das bitte für ein korruptes Leben, wo man seine Wahrheit für einen Chef verleugnet? Was ist denn das bitte für ein Geist, der ein Duckmäuserleben ernsthaft für eine Alternative hält? Was tun wir uns damit an, wenn wir das Kind, das wir einmal waren und das in die Welt auszog, um ihr das Fürchten zu lehren, derart vergessen? Und was tun wir unseren Kindern an, wenn wir ihnen nicht vorleben, echt zu sein und *uns zu riskieren*?

Vitale Energie

In diese Ausführungen habe ich nun einen Teil von mir hineingemischt, der auf die lähmende Energie des Neurotikers reagiert und sich *empört*. Ich nenne ihn den Rebell. Seine Energie ist der des Neurotikers diametral entgegengesetzt: Hören wir in unserem Neurotiker die Stimme eines Untertans, so redet der Rebell wie ein junger Schiller dem Sturm und Drang das Wort. Seine Energie ist lebensbejahend, begeisternd und umstürzlerisch, *Revolution oder Tod!*, ruft er aus. Sich mit ihm zu identifizieren, ist verlockend, weil er so *vital* ist. Wenn wir mit ihm identifiziert sind, haben wir das Gefühl, absolut im Recht zu sein und dem Leben selbst das Wort zu reden. So mitreißend und wahr seine Energie auch ist, *weise* ist sie nicht. Handeln wir aus ihr, beenden wir vielleicht unsere Beziehung, kündigen unseren

Job, packen unsere Möbel in einen Storage und reisen nach Indien. *Jetzt stürze ich mich ins Leben und lasse mich bedingungslos fallen!* Das Leben, denken wir, kann ja nun gar nicht anders, als dieses Risiko zu belohnen. In Indien herrscht allerdings gerade der Monsun, die Temperatur ist konstant über vierzig Grad, und in dem Ashram, wo wir untergekommen sind, befinden sich 4000 Menschen. Die Armut und der Schmutz, die uns umgeben, suchen ihresgleichen. Den ganzen Tag verbringen wir unter Menschenmassen mit Warten. Ist es das nun, das große freie Leben? Und nachts, wenn in der kargen Unterkunft die Karawane der Ungeziefer über uns hinwegkriecht, kommt die andere Seite wieder durch: *Wahnsinniger, was hast du getan? Sieh, wohin du uns gebracht hast!* Diese innere Kritik erweist sich schnell als weitaus vernichtender als die Umstände, in denen wir uns befinden. Die Gewissheit, einen katastrophalen Fehler begangen zu haben, bohrt sich durch unsere Eingeweide, bis wir schließlich kapitulieren. Als Gedemütigte kehren wir zurück und brauchen, wenn wir Pech haben, Jahre, bis wir wieder den Stand vor unserem Ausbruch erreicht haben.

Beide haben recht

Der Teil, den ich den Neurotiker nenne, hat recht, und der Rebell hat auch recht, das ist das Problem. Identifiziert mit unserem inneren Kritiker fühlt sich unser Leben zwar freudlos, schal und langweilig an, aber einigermaßen sicher ist es; identifiziert mit unserem Rebell setzen wir alles auf eine Karte und das Leben wird zunächst aufregend und gefährlich, dann aber erweist es sich als haltlos, und auf die Dauer nicht zu ertragen. Beide Varianten tragen das Defizit in sich, dass uns jeweils die andere Seite fehlt. Beide Varianten sind extreme Positionen. Paul Watzlawick verglich diese Situation mit der Fahrt auf einem Segelboot, wo sich ein Teil ganz weit auf der einen Seite herauslehnt und das Boot in Kipplage bringt. Damit es nicht kentert, legt sich nun der andere Teil genauso weit oder aus Panik noch weiter auf der anderen Seite heraus, woraufhin wieder der erste Teil reagiert und so fort. Dieses Boot kippelt hin und her, kommt nicht richtig vorwärts und befindet sich ständig in Gefahr, zu kentern. So ist unser Leben, wenn wir uns in unseren Identifizierungen verlieren: immer dieselben Probleme, immer dieselben Lösungsversuche, immer dieselben Resultate, Fortschritt kaum spürbar. Wir brauchen einen Kapitän, der die Führung auf diesem Schiff übernimmt. Diesem Kapitän müssen beide Seiten vertrauen können, beide Seiten müssen sich von ihm vollständig gehört und anerkannt wissen. Und dann kann der Kapitän vorsichtig und miteinander abgleichend beide Teile wieder ins Boot hineinholen. Nun entspannen sich die Teile, es geht ihnen in der Mitte des Bootes und unter Führung des Kapitäns viel besser, als es ihnen zuvor in ihren extremen Positionen erging, die von Not gekennzeichnet waren. Dort trugen sie die ganze Verantwortung für das Boot, jetzt können sie loslassen und in die Führung des Kapitäns vertrauen. Der Kapitän orientiert seinen Kurs am Kompass, der Kompass befindet sich im Bauch und kann abgelesen werden über die Ahnung, über dieses vage Empfinden, welcher nächste Schritt sich als stimmig erweist.

Wenn wir hingegen verstrickt sind in unsere Identifizierungen und kein Kapitän an Bord ist, können wir unser Bauchgefühl nicht wahrnehmen. Der Lärm unserer Teile, die sich im Krieg befinden, ist zu laut, als dass wir das leise, subtile Bauchgefühl bemerken könnten.

Rückgrat zeigen

Wenn wir zu dem Beispiel mit unserem Chef zurückkehren, so ist es keineswegs gesagt, dass uns der Chef, wie der Neurotiker uns glauben machen will, rausschmeißt, wenn wir für unser Bauchgefühl einstehen. Vielleicht weiß er es gerade im Gegenteil zu schätzen, wenn ihm mal einer wahrhaftig gegenübertritt und Rückgrat beweist. Er weiß dann nämlich, woran er ist. Es ist ja nicht so, dass unser Chef nicht spürt, dass wir etwas verbergen. Wir mögen ihm ins Gesicht heucheln, sein Körper aber spürt die Energie, die wir senden, und auf die wird er, sei es ihm selbst auch unbewusst, reagieren. So verbogen und neurotisch, wie wir alle sind, dennoch haben wir einen Körper, der lebt und der auf Wahrhaftigkeit positiv reagiert. Unser Körper freut sich, wenn uns einer gegenübertritt, der wahrhaftig bekennt, was in ihm lebendig ist. Unser Bauch wird weit, wir wissen, woran wir sind, und das gibt uns Sicherheit. Deswegen gibt es auch kein größeres Geschenk, das wir einem anderen bereiten können, als radikal ehrlich zu ihm zu sein. Das heißt nicht, dass wir jemanden angreifen und ihm unsere Abwertungen an den Kopf knallen. Das wäre ein Missverständnis. Wie wir im nächsten Kapitel sehen, heißt es vielmehr, dass wir in der Anwesenheit eines anderen konsequent unter der Zwerchfellhürde bei unserem Bauchgefühl bleiben, anstatt zu reagieren. Wenn wir mit dem, was im Bauch lebt, in Kontakt bleiben und Kontrolle und Kampf unterlassen, dann kann das Leben selbst völlig überraschende Lösungen kreieren.

Kapitel 6
Das Bauchgefühl als Kompass

Nicht selten sind in meinen Seminaren Teilnehmer, die die Radikale Erlaubnis kennen, die Schritte wissen, die dis-identifizierende Sprache verwenden – und trotzdem identifiziert sind. Dann sagt vielleicht eine Teilnehmerin, ich nenne sie einmal Julia: „Ich nehme wahr, etwas in mir fühlt sich gestört, dass du vorhin so ein widerliches Wort gesagt hast. Ich weiß, das ist ein Teil von mir, eine kleine Julia. Aber sie findet nun einmal, du hättest das viel schöner ausdrücken können. So, jetzt, wo ich das ausgesprochen habe, geht es mir gleich viel besser."

„Mir nicht!", sage ich dann. Ich sage das nicht, weil ich ihre Aussage analysiert und die Identifizierung entdeckt habe. Das ist viel zu umständlich, zu anstrengend und dauert viel zu lange. Ich sage es, weil ich in meinem Körper ein Unbehagen wahrnehme, in Echtzeit, jetzt.

Schon als oder sogar schon bevor sich Julia zu Wort meldete, reagierte mein Körper bereits auf die *Energie*, die sie sendete. Ich spürte eine Unruhe, ein Unbehagen im Körper, und in meinem Bauch zog sich etwas zusammen. Gleichzeitig entstand in der Gruppe Unruhe: Einige Teilnehmer stöhnten auf, andere mussten plötzlich ihre Sitzposition verändern oder benötigten dringend etwas aus ihren Taschen.

Meine spontanes *Mir nicht!* macht diesen Ausweich-manövern ein Ende. Nun wird es spannend, denn eine Konfrontation steht an. Für unsere inneren Kinder ist das hochinteressant, sie spüren den Anstieg, die Verdichtung der „*Energie*".

Ich: In meinem Bauch hat es sich zusammengezogen, als du gesprochen hast. Auch jetzt, hier (ich zeige auf den Solarplexus-Bereich), hier ist das jetzt ganz eng geworden.
Einige Teilnehmer: (atmen tief durch) Ja, bei mir ist es auch so.
Julia: Aber es ging doch um mich und den Teil in mir. Ich fühle mich nicht gehört. Ein Teil von mir, meine ich, fühlt sich nicht gehört. Immer geht es nur um deinen Bauch! (verschränkt die Arme und guckt an die Wand)
Einige Teilnehmer: (stöhnen auf, rutschen auf ihren Sitzen, schauen weg) Oh Gott ...
Ich: Jetzt zieht es sich hier im Solarplexus noch weiter zusammen ..., darunter ist jetzt etwas Gewaltiges, es fühlt sich an wie ..., wie ein Zahnrad, ... das rotiert hier ..., mit scharfen Zacken!
Carl: (platzt der Kragen) Also, ich sag' das jetzt einfach mal: Julia, für mich fühlt sich das völlig verlogen und falsch an, was du sagst. Du sagst einfach nicht die Wahrheit, du manipulierst. Und dass du jetzt wieder da sitzt wie ein kleines Kind, und uns alle mit deiner

Kinderkacke belastest, das macht mich richtig sauer! (atmet tief durch)

Ich: Jetzt fühlt es sich in meinem Bauch richtig gut an! Es wird weit, etwas in mir fühlt sich befreit. Es ist echt, was du sagst, das spüre ich, Danke für dieses Geschenk! Noch zeigst du auf Julia. Magst du noch einen Schritt weiter gehen, indem du in deinen Körper spürst, unterhalb des Zwerchfells, und exakt beschreibst, wie es sich dort gerade anfühlt ...

Carl: Da ist eine tierische Kraft hier rechts in meinem Bauch, die will sich unbedingt ausbreiten ..., heftig ..., jetzt kommt ein Bild ..., es ist ein Hammer, der bereit ist, zuzuschlagen ..., und darunter ist noch etwas anderes ...

Ich: Magst du diesen Hammer dort einmal wissen lassen, dass bei dir angekommen ist, wie sehr er bereit ist, zuzuschlagen, ... und dass er das darf ..., er darf so da sein, so bereit sein, zuzuschlagen, und du bist bei ihm ...

Carl: Okay ..., oh, jetzt ist der Hammer in sich zusammengefallen, und ich sehe dort einen Jungen stehen ..., der steht da in einer Kammer, meine Eltern hatten früher in unserem Haus so eine Absperrkammer ..., da hat meine Mutter mich immer eingesperrt ..., auch wenn ich gar nichts getan hatte ...

Ich: Und wie sich das für ihn anfühlen mag, für diesen Jungen, dort in der Kammer, so zu Unrecht von der Mutter eingesperrt zu sein ...

Carl: ... schrecklich, das ist ganz schrecklich für ihn ..., der fühlt sich verraten ..., und ganz allein ... (Tränen)

Ich: Magst ihn wissen lassen, dass bei dir angekommen ist, wie allein er sich fühlt ..., und dass du bei ihm bist, während er so allein ist, er darf dir das zeigen ..., *Ich bin da!*, kannst du ihn wissen lassen, und ich bleibe bei dir ...

Carl: Ja ..., Danke.

Mein Blick schweift durch die Runde der fünfzehn TeilnehmerInnen: Manche haben, während ich mit Carl arbeitete, ihren eigenen Empfindungen nachgespürt und sie begleitet, Taschentücher werden herumgereicht. Andere Teilnehmer rutschen auf ihren Sitzen, wirken unruhig und schauen zu Julia. Julia wühlt lautstark in ihrer Tasche.

Ich: Wie ist es gerade bei dir?

Julia: Gut! ..., da ist aber auch etwas in mir, das fühlt sich abgewürgt und übergangen. Aber ich bin mit dem Teil, alles gut! ...

Ich: Ja, das ist gerade in dir da: Du fühlst dich total abgewürgt und übergangen ...

Julia: (bricht heraus) ... und von dir missbraucht! Von euch beiden, von dir und Carl. Vor allem aber von dir. Du hast einfach mit Carl weitergearbeitet und mich hier hängen lassen!

Ich: Ja, du fühlst dich von mir missbraucht und hängen gelassen!

Julia: Genau!

Ich: ... und wie sich das im Körper anfühlt, so missbraucht worden zu sein ...

Julia: ... hier, links, in meinem Bauch, da ist so ein Stich ..., ganz tief, es fühlt sich an, als hätte da jemand mit einem Messer immer wieder reingestochen ... (Tränen)

Ich: ... dort links, in deinem Bauch, fühlt es sich an, als habe da jemand immer wieder reingestochen ...

Julia: ... wie so ein verwundetes Tier ..., das man abgestochen hat und dann einfach verrecken lässt ...

Ich: Ja, das hat man abgestochen und lässt es dort einfach verrecken ... Magst du es wissen lassen, dass du es wahrnimmst, und dass bei dir angekommen ist, wie schlimm das für es ist, dort so zu verrecken ..."

Julia: Es fühlt sich verraten! (tiefer Atem)

Ich: Ja, das ist es: Es fühlt sich verraten!

Julia: Im Stich gelassen!

Ich: ... wie sehr es sich im Stich gelassen fühlt ...

Julia: ... jetzt wird es etwas ruhiger, es kann etwas besser atmen ... (atmet tief durch), dieses Tier berührt mich so ...

Ich: Ja, vielleicht magst du einen Kosenamen verwenden, vielleicht so etwas wie: Mein Schatz, mein Schatz, ich bin bei dir, du darfst mir alles zeigen ...

Julia: Ja, mein Schatz ist gut ... (wieder tiefer Atem)

Ich: Magst du dabei bleiben ... Wenn wir jetzt eine Pause machen, kannst du immer wieder, wenn es passt, eine Hand dort hinlegen, und innerlich sagen, mein Schatz, ich bin da, ich bin bei dir ...

Julia: ... ja, das ist gut ..., Danke.

Dies ist eine typische Seminarsequenz aus einem zweiten oder dritten Tag eines Seminars. Die TeilnehmerInnen, die ich hier schildere, sind bereits geübt darin, ihre Identifizierungen anzuerkennen und ihre darunterliegende Verletzlichkeit offenzulegen. Beide Teilnehmer erkennen ihre Identifizierung an: Julia muss zunächst ihre Identifizierung totalisieren, um sie überhaupt zu erkennen, Carl hatte bereits bewusst totalisiert. War die Identifizierung erst einmal am Licht, so konnten beide Teilnehmer in ihrem Körper mit diesem Teil von sich kommunizieren, die entsprechende Empfindung wahrnehmen und begleiten, bis sich die Teile gehört fühlten und entspannen konnten. Damit hatten die Teilnehmer sich von dem Problem, das nur in der Identifizierung Problem sein konnte, gelöst.

Noch - nicht - Wissen

Hier unten im Bauch finden wir, wie wir wahrhaftig da sind. Hier in unserem Bauch gibt es eine Welt, in der nicht gelogen, getäuscht und manipuliert werden kann. Und hier in unserem Bauch haben wir einen Kompass, der uns durch jede Situation führen kann und der weiß, was für uns der nächste stimmige Schritt ist. Er – der Bauch – fühlt es, spürt es, wohin der nächste Schritt geht, *bevor* wir etwas wissen. Es ist dieses *Noch-nicht-Wissen*! Normalerweise lernen wir es nicht, in den Bereich hineinzugehen, wo wir noch nicht wissen. Wir lernen, dass wir klar sein müssen, wir sollen klare Vorstellungen haben, wir sollen genau wissen, was wir wollen, und dann uns dafür anstrengen. Wir wollen Sicherheit und Gewissheit. Wir kennen nicht das Mysterium, dass Gewissheit tatsächlich entsteht, wenn wir ins Vage eintauchen und durch das Ungewisse hindurchgehen. Dort, im Ungewissen, werden wir gefunden und ergriffen. Gewissheit und Sicherheit *geschehen* paradoxerweise, wenn wir sie aufgeben. Wenn wir uns hingeben.

Nur dieser kleine Stich im Bauch

So sind die Empfindungen im Bauch zunächst vage, unklar, verschwommen, subtil. Deshalb ist es so leicht, sie zu übergehen, deshalb geschieht es so schnell und so häufig, dass wir unser Bauchgefühl ignorieren. Während wir Kämpfe initiieren, im Glauben, das Richtige zu tun, mag es nur dieser kleine Stich rechts im Bauch sein, der uns darauf hinweist, dass etwas nicht stimmt und wir auf den Weg in eine Katastrophe sind. Später, wenn die Katastrophe eingetreten ist, dämmert uns, dass wir es *irgendwie* von Anfang an gewusst haben.

Die Empfindung im Bauch ist also zunächst ein ganz zarter Gast, nur ganz dezent klopft er an unsere Tür. Wir müssen schon hinhören, sonst zieht er sich wieder zurück. Sind wir aber aufmerksam, hören wir genau hin und lassen ihn ein, dann eröffnet unser Gast ein Universum, das uns zuvor unbekannt war und in dem ganz andere Gesetze herrschen. In diesem Universum, das unser Gast vor uns entfaltet, geschieht Aussöhnung am Grunde unserer Existenz. Hier gibt es keinen Kampf und keine Anstrengung mehr. In einem einzigen Moment kann das geschehen: Eben war noch alles furchtbar, deprimierend und eng, dann kommen wir mit der Empfindung in Kontakt, bleiben bei ihr in ihrer ganzen verschwommenen Unklarheit, und plötzlich kommt der ungeahnte Schritt, und mit ihm kommt das Wunder der Gewissheit, dieses: *Das ist es! Darum geht es jetzt!*

Der nächste stimmige Schritt geht dorthin, wo es lebendig wird. Wo es neu und frisch wird, wo wir im Körper spüren, ja, das ist jetzt richtig für mich, das fühlt sich gut an, da will es jetzt von selbst in mir hin. In unserem Bauch zeigt sich das, indem es dort weit wird.

Kapitel 7
Das Marionettentheater

An der Oberfläche unseres Bewusstseins formen sich unsere Gedanken. Sie tun es unablässig. Ihr Strom speist sich aus reaktiven Gefühlen, die direkt unter den Gedanken liegen und sich mit den Gedanken vermischen. In dieser Misch-Schicht verachten wir, beschuldigen, klagen an, fordern, fühlen uns im Recht und wollen beweisen, dass wir im Recht sind. Jene vermittelnde Instanz des Gastgebers, die zwischen das Innen- und Außenleben geschaltet werden kann, haben wir nicht, das heißt, wir glauben, was wir denken, wir identifizieren uns mit unseren Gedanken und den Affekten, die sie auslösen. Auf dieser Ebene, auf der wir uns in der Regel meistens aufhalten, sind wir Automaten, die reflexartig auswerfen, was einmal in sie hineingeworfen wurde.

Wir glauben, wir würden ein eigenes Leben führen, eigene Gedanken und eigene Gefühle haben, aber das ist ganz und gar nicht der Fall. Wir sind Marionetten, die an den Fäden ihrer Konditionierung hängen. Sowohl unser Innenleben als auch unser Verhalten sind vorhersehbar, es ist nichts Individuelles darin zu finden. Aber was wir fühlen, gehört doch uns, das ist doch etwas Eigenes? Nein. Ein Freund erzählt, dass sein Hund gestorben ist, jetzt ist er traurig. Aha, sagen wir, ja, das kann ich verstehen. Meine Freundin hat mich betrogen, wie konnte sie mich so verraten und alles in den Wind schlagen, was wir aufgebaut hatten? Ich bin so wütend. Aha, ja, sagen wir, was für eine falsche Schlange! Da wäre ich jetzt auch wütend. Bloß weg mit der! Im Grunde kannst du froh sein, dass du sie los bist. Kopf hoch, jetzt bist du frei für eine neue, bessere Beziehung ...

Etikettierungen

Wenn ein Haustier stirbt, sind wir traurig. Wenn wir von unserem Beziehungspartner betrogen werden, sind wir wütend. Jeder versteht das, jeder fühlt genauso oder hat es bereits genauso erfahren. Darin liegt, wie gesagt, nichts Eigenes. Es sind gesellschaftlich legitimierte Gefühle, man darf sie äußern und wird Verständnis ernten, in der Regel verknüpft mit einem gutgemeinten Ratschlag und verbunden mit einer Hoffnung auf die Zukunft, wo alles besser werden soll. In diesen Kommunikationen und Interaktionen wird vermieden, mit der Energie, wie sie sich einzigartigerweise in uns formt, in Kontakt zu treten. Stattdessen versuchen wir das, was in uns lebendig wird, mit vorhandenen Begriffen totzuschlagen. Kaum, dass es da ist, soll es schnell mit einem Etikett versehen und weggepackt werden: Ah, es ist wieder das! Schon klar, bloß weg damit. Am besten, es wäre nie dagewesen.

Wir kämpfen mit den Ereignissen und wollen uns nicht verlieren, nicht aufgeben, wir wollen uns der Veränderung nicht *hingeben*. Wir tun so, als seien wir ein statisches Gebilde, ein festes Ding, das vom Leben angegriffen wird und das wir gegen das Leben verteidigen und sichern müssen. *Wir vermeiden es, uns treffen zu lassen*, das ist der Punkt.

Leben im Hamsterrad

Wenn wir ein solches angepasstes Mainstream-Leben führen, das darauf aufgebaut ist, uns nicht treffen zu lassen und keine eigenen, gefährlichen Schritte zu tun, dann benötigen wir permanent Bestätigung, dass wir das Richtige tun, vor allem in Kombination mit Betäubung. Dafür gibt es Fernseh-Soaps und Hollywood-Komödien, die uns vormachen, so ein Leben führe in die Erfüllung. Auch die Urlaubs- und Freizeitlüge ist unser Ding. Hier ist unser Beruf, von 09.00 bis 17.00 Uhr, da funktionieren wir – müssen wir ja, woher soll sonst das Geld kommen? – und dann sorgen wir für eine Balance: Fitnessstudio, Tanzkurs, Yoga, hier „tun wir etwas für uns", ja, wir machen wirklich alles richtig. Am Wochenende dürfen wir uns für den Frondienst belohnen, indem wir uns besaufen und die Sau rauslassen. Ein- oder zweimal im Jahr ist ein Urlaub auf Mallorca drin, da muss es dann richtig krachen, das haben wir uns wirklich verdient. Freunde haben wir genug, die machen es alle genauso, da gibt es viele Gemeinsamkeiten. Wenn wir unsere Freunde verlieren, weil wir berufsbedingt in eine andere Stadt ziehen, können wir in jeden Verein eintreten, wir passen mit Sicherheit hinein und finden sofort Anschluss. Zu reden gibt es immer etwas: warum unser Job Mist ist, was gerade auf dem Beziehungskarussel läuft, oder wie sehr unser langjähriger Beziehungspartner wieder nervt. Eigentlich muss alles anders werden ... Dieses Beklagen schafft ein tiefes Gemeinsamkeitsgefühl, alle machen es so. Und in Fernsehen und Zeitung werden wir darin bestätigt: Ja, so soll es sein, das ist das Leben, sieh, wir sind alle so, also ist es richtig, es ist normal. Sprachrohre dieses Mainstreams sind Politiker, die als formatlose Hüllen erscheinen und die reibungslose Fortführung und Sicherstellung dieses Lebensstils garantieren.

Ein Kind bekommen

Je länger wir ein solches Leben führen, desto schaler wird es. Es ist nun Zeit für ein Kind, das ist der nächste logische Schritt im Mainstream-Leben. In der neuen Rolle als Vater oder Mutter haben wir nun genug damit zu tun, unsere Kinder zu erziehen, das heißt, sie an das Mainstream-Leben anzupassen. Wir sind jetzt zu seinem

Repräsentanten geworden und die neue Rolle als Mutter oder Vater sichert uns ein hohes Maß an gesellschaftlicher Zugehörigkeit und Anerkennung. Unsere Position ist für zwei Jahrzehnte gesichert. Nun tun wir alles dafür, dass die Anpassung unseres Kindes gelingt. Der Sinn unseres Lebens ist nun an unser Kind gekoppelt und erfüllt sich darin, dass es unseren Lebensstil und die damit verbundenen Glaubenssätze möglichst reibungslos übernimmt. Wir konditionieren es dazu, ganz so wie wir, Tiefe zu vermeiden und Einzigartigkeit zu verleugnen. Wir unterweisen es darin, die Wahrheit seines Körpers zu ignorieren und stattdessen *positiv zu denken* [2].

Dieses Mainstream-Leben ist ein Hamsterrad, es beruht auf Identifizierungen mit gesellschaftlich konformen Rollen. Ich beschreibe dieses Leben im Hamsterrad hier vereinfachend, plakativ, verallgemeinernd. Man kann einwenden: Auch in einem solchen Leben gibt es doch individuelle Aspekte, tief beglückende Momente oder Phasen von Leidenschaft. Ja, mag sein. Mir geht es hier nicht um eine balancierte Darstellung, sondern um *Totalisierung*: um die Bewusstmachung eines bestimmten Aspekts, um ein Übertreiben und Verdeutlichen einer Identifizierung, als gäbe es nur sie und sonst nichts. Wenn wir diese gesellschaftskonforme Identifizierung in uns nicht erkennen, wenn wir ihr nicht erlauben, in uns als ein Etwas da zu sein, sondern sie tatsächlich und allen Ernstes glauben, können wir uns nicht jenseits von ihr erfahren – und uns insofern auch nicht von ihr abgrenzen.

In diese Falle gehen wir auch, wenn wir die Schalheit dieses gesellschaftlich-konformen Lebens zwar erkennen, aber einem Gegenentwurf folgen, dem sogenannten „spirituellen Erwachen". Denn auch dieser Gegenentwurf fußt auf der Vermeidung, uns unserer Einzigartigkeit auszuliefern und uns wirklich und wahrhaftig treffen zu lassen.

Kapitel 8
Die Erleuchteten vergessen

Uns wirklich von dem, was in uns lebendig ist, treffen zu lassen, können wir nicht, wenn wir unbewusst mit einer Rolle identifiziert sind; sei diese Rolle nun eine gesellschaftlich konforme oder eine, die zum Beispiel einem spirituellen Gegenkonzept folgt:

Das ist alles nicht mein wahres Ich, sondern mein Ego. Das Ego ist eine Lüge, das erkenne ich, es ist reine Anhaftung an die Dinge. Also lasse ich es los. Ich identifiziere mich fortan nicht mehr mit meinem Ego. Wie Osho [3] werde ich nun zu einer weißen Wolke, durchlässig und locker, mit dem Wind gehend, jederzeit bereit, mich völlig aufzulösen. Meinen Geburtsnamen, der für die aus der Konditionierung durch meine Eltern und der Gesellschaft entstandenen Scheinidentität des Egos steht, lege ich ab, und mit einem neuen Namen bekunde ich meine zweite Geburt, mein Erwachen zur Egolosigkeit, fortan heiße ich: BAMANANDA! Mit diesen Namen angesprochen zu werden, erinnert mich ab sofort an meine göttliche Natur und verhilft mir dazu, mir die Identifizierung mit dem Ego endgültig abzugewöhnen!

Oder wir folgen Eckhart Tolle [4] und erkennen, dass wir Stille sind. *Die Stille ist unser wahres Wesen. Was nicht still ist, ist es nicht, das ist das Ego. Das Ego kann nicht im Jetzt existieren, deshalb müssen wir im Jetzt bleiben, dann hat das Ego keine Chance. Los, sei jetzt ganz hier, spüre, wie du die Treppe hinaufgehst, der Kontakt der Füße zu den Stufen, sei ganz in deinem Körper. Es gibt nur das Jetzt, der Rest ist Illusion. Der Verstand, die Gedanken sind Mist. Mit dem Verstand kann man eine Reise buchen und ein paar notwendige Dinge erledigen, ansonsten macht er uns fertig. Identifiziere dich nicht mit deinen Gedanken, auch nicht mit deinen Gefühlen, sondern mit der Stille. Jetzt! Mehr ist nicht notwendig.*

Das Ego als Feind

Was hierbei herauskommt, sofern wir nicht tatsächlich Erleuchtete sind, haben wir bereits unter dem Begriff Pseudo-Anerkennen kennengelernt: *Es ist ja nur ein Teil von mir, aber nicht ich.* In der Erleuchtungsphilosophie heißt das dann: Es ist ja nur mein Ego, aber nicht ich. Hier wie dort betreiben wir eine Dissoziation, eine Abspaltung: Wir identifizieren uns mit einem Teil und exilieren andere Teile. Unter dem Begriff Ego fassen wir nun sogar alle Teile von uns zusammen, spalten sie von uns ab und identifizieren uns mit einer übernommenen Erleuchteten-Identität. So wissen wir immer schon, worum es geht, nämlich um das Loslassen des Egos, und vermeiden in Wahrheit den Kontakt mit dem, was in uns lebendig ist – und verändern uns nicht mehr. Im Namen des großen Loslassens halten wir erst so richtig fest; unter dem Deckmantel der Hingabe üben wir maximale Kontrolle aus. Wir spielen den Guru, wissen immer die Lösung und tragen ein heiliges Gehabe von Gelassenheit und Ernsthaftigkeit zur Schau. Das alles ist natürlich nicht authentisch, sondern künstlich, weil wir nichts anderes tun – ganz so wie beim Positiven Denken – als unser Innenleben zu zensieren und uns eine erdachte und erwollte Schein-Identität vorzuheucheln. Wie ein Rennhund, der einem Papphasen hinterherläuft, denken wir ständig an unser Guru-Modell und versuchen, es zu erreichen. Dieser erwollten Identität opfern wir im Extremfall unsere individuelle Erscheinung und werden zum Abziehbild eines Gurus: Neben dem neuen Namen legen wir einen Turban an, lassen uns einen Bart wachsen, tragen stets weiße indische Kleidung, und, um das Klischee perfekt zu machen, arbeiten wir als Yoga-Lehrer und finden nun auch Zuhörer, die zu uns aufschauen und uns in der ersehnten Guru-Position bestätigen.

Osho wusste um diese Gefahr und veräppelte seine Zuhörer, sinngemäß sagte er: *Ihr glaubt ihr versteht, aber dabei hat euer Ego nur ein neues Ziel bekommen: Es macht nun Jagd auf Erleuchtung! Vorher wolltet ihr Macht, Reichtum und Ruhm, jetzt rennt ihr der Erleuchtung hinterher. In dem Moment, wo ihr glaubt, ihr versteht, versteht ihr nicht. Ihr müsst euer Ego komplett loslassen, aber da ihr im Ego seid, könnt ihr das nicht.*

Das ist die Crux, wenn wir mit dem Konzept des Egos arbeiten: Wir landen in einer Paradoxie.

Die Stille als unser wahres Wesen

Auch bei Eckhart Tolle finde ich diese feindselige Einstellung zum Ego hineingemischt, insbesondere, wenn er über Schmerz spricht. Das Ego hat einen Schmerzkörper, der uns besetzt und der regelrecht wie ein Dämon in uns einfahren kann. Diesen Schmerzkörper müssen wir erkennen und wissen, dass wir nicht er sind. Wir sind die Stille, und wir müssen sie *halten*. Hier die Stille, dort das Ego mit seinen Turbulenzen. Dieses Modell ist statisch: Egal, was wir in uns erleben, die Stille ist unser eigentliches Wesen. Das birgt die Gefahr in sich, dass wir uns nun an die Stille klammern, obwohl wir gar nicht still sind. Eben noch hörten wir Tolle zu, erkannten, dass unser Sein formlos und ewig ist, alles war einfach und klar, nun kommt unser Beziehungspartner in die Wohnung und gesteht uns eine Affäre. Was nun? Nun können wir in unser Zimmer zurückkehren, ein Video von Tolle aufrufen und uns anhören, dass dies nur Form ist, in

Wahrheit sind wir formlose, reine Essenz. Das verändert nichts, das söhnt uns nicht aus mit unseren ungehörten Teilen, und es macht uns auch nicht still, allenfalls für ein paar Nanosekunden. Stattdessen werden wir zu Lügnern, heucheln uns Stille vor, während wir in Wahrheit wütend sind. In dieser Weise justieren wir lediglich unseren inneren Zensor um: Vorher übte der Zensor Druck aus, dass wir positiv sein sollen, jetzt setzt er uns unter Druck, still zu sein und diese Stille ja nicht zu verlieren. Diese spirituelle Überhöhung und Vorwegnahme eines Erleuchtungzustands macht uns nicht still, sondern hält den Konflikt mit einem ungehörten Teil aufrecht. Was uns hingegen wirklich still macht, ist, durch die Form hindurchzugehen und uns ganz zu ihr zu bekennen.

Hindurchgehen

Wo Tolle allerdings ausführt, wir müssen den Schmerz in unserem Körper fühlen und da sein lassen, dann merken wir, dass es eine Energie ist, die sich verändert, wenn wir ihr Aufmerksamkeit schenken, redet er der Radikalen Erlaubnis das Wort. Letzteres ist aber nicht mal eben so getan und geht nicht, wenn wir unsere Schutzmechanismen, unsere *Wächter*, nicht erkannt, anerkannt, vollständig erlaubt und uns in dieser Weise mit ihnen ausgesöhnt haben. Wir müssen durch unser

Erleben *hindurch,* wir müssen durch unsere Teile direkt und voll hindurchgehen, bis wir uns mit ihnen aussöhnen – dieses *Bekennen dessen, was wahrhaftig und unzensiert in uns lebendig ist,* das verändert uns. Die Stille kommt dann ganz von selbst und ist nichts, was festgehalten werden muss. Halten wir hingegen die Stille fest und vermeiden es, uns zu bekennen, werden wir zu spirituellen Autisten, die nicht mehr in den Kontakt mit ihren Bedürfnissen gehen, geschweige denn sie bekennen oder für sie einstehen können.

Die Erleuchteten

Beide, sowohl Osho wie auch Tolle, haben bekannt, dass sie Erleuchtete sind. Ich glaube das auch. Bei ihnen hat es irgendwann Klick gemacht und dann waren sie fest verankert im Raum, in dem alles so da sein darf, wie es ist. In den Videos von Eckhart Tolle sieht man ihn immer wieder lachen. Er lacht über den Wahnsinn der Identifizierungen, über den Irrsinn, eine Identifizierung für die Wahrheit zu halten. Das ist echt, er hat es gefunden, er ist frei. Was uns noch bekümmert hier, für immer von ihm wich. Da er so authentisch ist, ist er hochunterhaltsam und hat keinerlei künstliches Gehabe an sich. Zugleich strahlt er eine zutiefst berührende Bescheidenheit aus. Er ist sicher im Nichts verankert, daran zweifle ich nicht.

Genauso mag es bei Osho gewesen sein, wenngleich er auf der anderen Seite der Skala als Superstar und Provokateur in Erscheinung trat. Er verhöhnte das aufgesetzte, scheinheilige Ideal spiritueller Bescheidenheit und machte dabei mit seinen hundert Rolls Royce keine halben Sachen. Ich habe ihn nicht erlebt, ich bin auch kein Sannyasin, aber meines Erachtens kann niemand über Jahrzehnte so fortwährend den Zustand der Erleuchtung beschreiben, wenn er nicht erleuchtet ist. Das kann man sonst nicht durchhalten.

Sowohl Eckhart Tolle als auch Osho berichten von ihrer Erleuchtungserfahrung: Osho beschreibt, ganz im Sinne der spirituellen Tradition Indiens, dass er sich durch Reinkarnationen hindurch zur Erleuchtungserfahrung hingearbeitet hat. Tolle hingegen war ganz westlich orientiert, studierte in England, und stand kurz vor dem Suizid, als sich – für ihn selbst völlig überraschend – der Raum öffnete und er in den Zustand jenseits der Identifizierungen hineinkatapultiert wurde. Beide sprechen erst zu uns, seitdem sie erleuchtet sind. Daher nehmen sie natürlicherweise eine überlegene Position ein und sprechen „ex cathedra", also wie der Papst von der Kanzel: Dort oben stehen sie, künden uns vom Paradies und erzählen, wie wunderschön es ist, erleuchtet zu sein.

Hier unten hören wir ihnen zu und verzehren uns danach. Sie haben es, wir wollen es auch, aber haben es nicht. Hier besteht ein Gefälle, es gibt eine Lücke zwischen ihnen und uns. Entweder man ist erleuchtet, dann versteht man, oder man ist es nicht, dann macht man sich was vor – egal, was man tut.

Die Zone zwischen dem Identifiziertsein im Normalbewusstsein und dem Erleuchtungsstatus wird übersprungen und dann aus einer Rückschau-Perspektive betrachtet: Daher sind ihre Ausführungen von der Sicherheit getragen, bereits angekommen zu sein. Wir sind das aber noch nicht, deshalb behindert uns dieses Wissen, wie es dort drüben ist. Wenn wir wissen, wohin wir fallen, können wir uns nicht ins Ungewisse fallen lassen. So geht es nicht. Unserem größten Feind, der Ungewissheit, dem Nicht-Wissen, können wir nicht gegenübertreten, wenn wir doch noch wissen. Wenn wir einem Erleuchteten in dieser Weise folgen, verstricken wir uns daher in diese Paradoxie. Wenn wir ihnen zuhören und nicht bereits unsere Schutzteile erkannt haben und mit ihnen ausgesöhnt sind, dann ergreifen sich unsere Wächter die Idee von der Erleuchtung, um uns vor dem existenziellen Schmerz des Verlassenseins zu schützen – und doch noch unverwundbar zu werden.

Daher nützt uns die philosophische Unterweisung nichts,

dass wir das, was sich in uns wehrt, als ein Ego loslassen sollen. Wir sind sofort wieder in der Paradoxie: Wir wollen loslassen, um nicht zu leiden, und sind sogleich wiederum mit dem identifiziert, was sich gegen das Leiden wehrt. Bevor wir nicht unsere Schutzteile gewürdigt haben, können wir nicht zu unserem tiefsten Schmerz hinkommen, geschweige denn uns durch dieses Nadelöhr des vermeintlich Unaushaltbaren hindurchspüren und in die Freiheit gelangen. Jede Abkürzung, jede philosophische Vorwegnahme ist substanzlos und wird sich als Umweg oder gar kompletter Irrweg erweisen.

Den Begriff Ego loslassen

In der Radikalen Erlaubnis sprechen wir nicht von einem Ego, wir verwenden diesen Begriff gar nicht oder lösen ihn auf, wenn er kommt. Er ist zu negativ konnotiert und zu ungenau. Verwenden wir den Begriff Ego, schaffen wir Krieg und Feindschaft in unserem Inneren, wir erschaffen etwas, das überwunden oder losgelassen werden soll. Wir gehen mit dem, was in uns ist, wie ein Besserwisser um, das führt niemals zur Aussöhnung, sondern zur Rebellion unserer nicht gewürdigten Anteile. Dadurch entsteht unterschwellige Aggression – eine aggressive Erwartungshaltung, die unbewusst bleibt. Diesen Konflikt vermeiden wir, indem wir den Begriff und die Konzeption eines Ego nicht mehr verwenden.

Daher behandeln wir in der Radikalen Erlaubnis alles, was in uns ist, nicht als ein Ego, sondern als ein Etwas, als ein inneres Kind, das sich meldet und gehört werden will. Mit diesem Etwas treten wir dann in eine Beziehung, hören es an und begleiten es bis zu dem Punkt der Aussöhnung. Zwischen dieser erlaubenden Arbeit und der spirituellen Ego-Konzeption liegen Welten: Erstere geht in die Tiefe, letztere kratzt allenfalls an der Oberfläche:

Teilnehmer: Ich habe dich eben zu Unrecht angegriffen und kritisiert, das tut mir leid. Ich entschuldige mich dafür. Da ist mein Riesen-Ego wohl mal wieder mit mir durchgegangen ... (lacht)

Ich: Mh ...

Teilnehmer: Was ist? Ich habe mich entschuldigt!

Ich: Ja, das habe ich gehört. Es bewirkt allerdings in meinem Körper, dass es sich hier in meinem Bauch zusammenzieht. Ich bin gegen diese Entschuldigung!

Teilnehmer: Man darf sich jetzt nicht mal mehr entschuldigen?

Ich: Genau. In dem Sinne, dass du so ein *Es tut mir leid* - Lippenbekenntnis abgibst, dich aber gar nicht hast treffen lassen, sondern es einem sogenannten Ego zuschiebst und insofern keine Verantwortung dafür übernimmst. Und dann noch Druck ausübst, dass jetzt alles wieder in Ordnung sein muss. Bei mir ist durch deine Entschuldigung nichts in Ordnung gekommen. Körperlich, hier in meinem Bauch, ist es sogar noch unangenehmer geworden.

Teilnehmer: Gleich reicht's mir!

Ich: Ja, aber das ist ja nur dein Ego. Lass das mal sofort los.

Teilnehmer: Du führst mich hier vor! Das lasse ich mir nicht länger gefallen!

Ich: Ja, da kommt jetzt etwas in dir hoch, das lässt sich das nicht länger gefallen ...

Teilnehmer: Mh ..., mh ..., ja, es ..., es ist Wut, jetzt hab ich's, ich hab eine riesige Wut auf dich!

Ich: Ja, etwas in dir hat eine riesige Wut auf mich ...

Teilnehmer: Ja, es ist sogar noch stärker, es ist richtig Hass!

Ich: Ja, genau ..., Hass!

Teilnehmer: Reiner Hass! ... was für ein geiles Gefühl!

Ich: Ja, da ist dieser reine Hass, und da ist jetzt etwas in dir, das findet dieses Gefühl so geil! Magst es wissen lassen: Du darfst das, du darfst das richtig geil finden!

Teilnehmer: Ja, du darfst das, du darfst das ... Oh, jetzt kippt das ..., jetzt fühlt sich das hier in meinem Bauch, in der Mitte, wie ein ... Säurebad an ..., gleichzeitig kommt da eine Traurigkeit hoch ...

Ich: Mh ..., ja ...

Teilnehmer: (weint) ... dass ich das nie durfte ..., und immer sofort eine dafür geklatscht kriegte ...

Ich: Ja, da ist ein Junge in dir, der das nie durfte ..., und sofort, *sofort* eine dafür geklatscht kriegte ...

Teilnehmer: Mh, ja ...

Ich: Mh ..., und wie schlimm das für ihn war ...

Teilnehmer: Ja ... (weint), sehr schlimm ...

Ich: Magst ihn wissen lassen: Mein Schatz, ich sehe dich, ich bin da ...

Teilnehmer: Mh ... (tiefer Atem), oh, das fühlt sich gerade an, als würden Zentner von mir abfallen ...

Ich: Mh ..., magst das jetzt genießen ...

Teilnehmer: Ja ..., übrigens ..., Danke! (lächelt)

Ich: Ja ..., ich danke dir auch!

Wesentliche Schritte

Wie wir in diesem Beispiel sehen, besteht ein gewaltiger Unterschied darin, sein Innenleben als Ego abzutun oder sich ihm zu stellen und hindurchzugehen. Das bedeutet, genau in die *spirituelle Lücke* hineinzugehen, die die Erleuchtungsphilosphie aufreißt. Wenn Osho sagt: Löse dein Ich auf, es existiert sowieso nicht, ist das schön und gut und wahr – für ihn! Aber die Übernahme dieser Erkenntnis bewirkt nichts. Die Frage ist das *Wie*? Osho als auch Tolle transportieren beide die digitale „Klick-Idee": Wenn du nur lange genug übst, dein Ego als solches zu erkennen, dann macht es irgendwann Klick und dann hast du's. Wann und wie das geschieht, obliegt der Gnade. Bis dahin kannst du dich nur immer wieder darin üben, deine Verhaftung zu erkennen.

Ich widerspreche dieser These, ich behaupte, diese Übung bewirkt keine Veränderung. Wir mögen Gelassenheit erfahren, zum Beispiel in einer Meditation, in der wir momentweise im Nichts aufgehen, aber sobald wir aufstehen, sind alle Konflikte wieder da.

Statt nur momentweise in das Nichts zu springen, müssen wir erkennen, wie unsere Aufmerksamkeit fixiert ist: Wir müssen uns unseren Identifizierungen stellen, sie bewusst erfahren – sie *absichtlich* sein! Überspringen können wir sie nicht.

Die Erleuchteten vergessen

Zu den Füßen eines Erleuchteten zu sitzen, der uns immer wieder vorkaut, was Erleuchtung ist und was nicht, soll uns, während wir auf die große Erfahrung warten, helfen – das tut es nicht. Was dagegen hilft, ist aus dem Modell von Erleuchtung und Ego auszusteigen und die Erleuchteten zu vergessen. Ihnen geht es gut, sie brauchen uns nicht. Was wir brauchen, sind Typen wie Henry Miller. Leute, die durch den Schmutz gehen und aufhören, sich etwas vorzumachen. Leute, die nicht von oben, sondern von unten kommen. Nicht der Lehrweg, wie wir in den Himmel kommen, weitet den Raum, sondern die Anerkenntnis, in welcher Hölle wir uns befinden. [5]

Die zwei Seiten der Medaille

Richard Schwartz, ein amerikanischer Familientherapeut, hat eine gute Idee entwickelt. Er sagt sinngemäß: Ja gut, da gibt es also dieses Präsenzgefühl des Selbst, das können wir erfahren, wenn wir mit uns im Reinen sind. Dann fließt es, wir fühlen uns frei, nichts belastet uns. Es sind extrem positive Zustände, die der Erleuchtung ähneln. Hier erfahren wir unser Selbst, ohne dass Teile da sind, mit denen wir uns gerade beschäftigen müssen. Und dann wiederum, das ist meistens der Fall, gibt es Zustände, wo die Teile unsere Aufmerksamkeit einfordern. Das heißt aber nicht, dass diese letzteren Zustände überwunden werden müssen oder schlechter sind. Sie sind die andere Seite der Medaille: Erst indem wir aus der Position unseres Selbst unseren Teilen, die da sind und noch nicht Selbst sind, zustimmen und zuhören, können wir sie in unser Selbst assimilieren und erfahren dann Ganzheit: den Zustand, ganz wir selbst zu sein und nichts abspalten zu müssen. Das ist genau der Zustand, den man Erleuchtung nennt und den die Erleuchteten immerzu beschreiben. Nur hält dieser Zustand nicht, und zwar nicht deshalb, weil wir nicht intelligent genug sind, ihn zu halten, sondern weil es Teile in uns gibt, die noch nicht Selbst sind. Es gibt noch Gäste, die wir nicht kennen, noch nicht hinreichend begleitet haben, und die infolgedessen, wenn sie bei uns einkehren, als Nicht-Selbst erfahren werden – das sind dann natürlicherweise die extrem negativen Zustände. Jetzt kann man versuchen, sie zu überspringen und den Erleuchtungszustand herbeizuzwingen: *Ich lasse diesen Teil jetzt los!* Dann wird dieser vermeintlich losgelassene Teil zu einem Dauergast werden. Er wird uns ständig bewusst machen, dass wir eben noch nicht erleuchtet sind. Das betrifft natürlich am ehesten jene Gäste, die scheinbar nicht zur Erleuchtung passen und die sogar wie ihr Gegenteil aussehen, zum Beispiel das Böse in uns: das Gemeine, das Hinterhältige, das Mörderische, das Sadistische, das Satanische. Oder das, was sich von Gott und der Welt verlassen fühlt: das Verratene, Zweifelnde, Einsame, Traurige.

Wenn wir diese Teile nicht in uns vollkommen erfahren dürfen, wird unser Selbst nicht weiter und umfassender, sondern kleiner, enger und starrer. Dann müssen wir unser Selbst widersinnigerweise gegen etwas verteidigen, das es zu bedrohen scheint. Insofern müssen wir unsere Erleuchtungszustände immer wieder hingeben, um sie zu erhalten.

Nimm mich ganz

Der Schlüssel ist hier also nicht, wie ein Erleuchteter statisch gar keine negativen Zustände mehr zu erleben, sondern sie nicht mehr identifiziert zu erleben – genau sie also zum Gegenstand unseres Hauptinteresses zu machen. Sie sind die Gäste, die am wenigsten Aufmerksamkeit von unserem Selbst bekommen haben und die sie am dringendsten benötigen. Das heißt aber nicht, unserem Gast zu erliegen. Wenn wir zum Beispiel depressiv sind, ist nur der Gast Depression da und kein Selbst. Das ist nicht das, was unser Gast braucht. Zwar lebt er, ist am Licht, aber unerlöst. Von unserem Selbst wird er nicht gehört, denn es ist abwesend. Erlösend wirkt, wenn das Selbst *mit* dem Gast da ist. Das ist dann der Fall, wenn wir anerkennen: Ich bin da, hier in meinem Körper, und ich nehme etwas in mir wahr, das sich depressiv, total niedergeschlagen fühlt. Ich gebe diesem Etwas in mir nun meine totale Aufmerksamkeit, ich lasse es wissen: Jetzt nur du! Nur noch du! Ich wende mich dir ganz zu und ich möchte dich erfahren; ich möchte fühlen, wie es sich für dich anfühlt, und ich stelle dir meinen Körper und sein ganzes Sensorium zur Verfügung. Nimm mich ganz. Du darfst das.

Wenn wir in dieser Weise uns ganz unserem Gast zuwenden, wird er zu einem Phänomen unseres Interesses: Nichts ist jetzt interessanter, als ihn zu erfahren. Das heißt, wir erforschen nun unsere Depression, wir gehen *in die Tiefe unserer Depression* und genießen sie.

Unser Problem ist ja gerade, dass wir negative Zustände nicht wollen, uns deshalb mit unseren positiven Zuständen identifizieren – und die negativen ins Exil bringen. In dem Moment, wo wir uns erlauben, nur noch negativ zu sein, sind wir es nicht mehr. Wir treten aus dem Spiel der Identifizierung und Exilierung[6] heraus und können uns dem zuwenden, was einzigartigerweise in uns lebt – und wie genau es in uns lebt.

Bekennen anstatt geheim halten

Wenn wir also wütend sind, sagen wir nicht: Mist, ich bin wütend, ich muss mein Selbst wiederfinden. Wir sagen: *Hallo, Stopp mal alle, ich bemerke, dass Wut in mir ist!* Anstatt unser Selbst zu suchen, legen wir das Bekenntnis ab, dass wir es gerade nicht haben. Dieses Bekennen dessen, was sich in uns wahrhaftig abspielt, erschließt uns sofort das Gefühl, wieder ganz zu sein, wieder *im Fluss* zu sein. Um dieses Bekennen, dass wir fehlbar sind, dass wir mit etwas ringen, kommen wir nicht herum. Wenn wir dieses Bekenntnis vermeiden, wenn wir immer erst wieder Ruhe und Ausgeglichenheit haben wollen, bevor wir weitermachen, dann halten wir unsere Konflikte geheim.

Dann nehmen wir uns immer genau dann eine Auszeit, wenn es darum geht, Bekenntnis abzulegen. Solche Auszeiten sind Stauungszeiten. Sie führen zu neurotischem Erleben, wie wir oben bereits gesehen haben. Ohne das Bekennen dessen, was in uns lebendig ist, ohne das Sichtbar-Machen und Dafür-Eintreten, nimmt unser Verhalten autistische Züge an: Wir entziehen uns Konflikten und vermeiden die notwendige Konfrontation.

Kapitel 9
Die „Technik" der Radikalen Erlaubnis

Bei dem sinnlich spezifischen Erspüren unserer Empfindungen verzichten wir auf Interpretationen oder vorschnelle Deutungen, etwa: Ah, ich weiß, das ist wieder meine Wut! Oder: Oh, das ist meine verdammte Eifersucht! Solche Interpretationen sind nicht sinnlich spezifisch, es sind Etikettierungen, die über die eigentliche sinnliche Erfahrung hinübergeworfen werden, ohne mit ihr in Kontakt zu gehen. Wenn wir eine Empfindung etikettieren oder deuten, entfernen wir uns von ihr, anstatt sie zu fühlen.

Daher führe ich in meinen Seminaren meist zu Beginn eine Partnerübung durch, in der die Teilnehmer lernen können, das vorschnelle Etikettieren zu unterlassen und stattdessen sinnlich spezifisch wahrzunehmen. Hier soll der eine mit geschlossenen Augen einen unbekannten Gegenstand erspüren und beschreiben. Der andere soll genau zuhören und exakt zurückgeben, was er gehört hat, damit der Erforscher wieder überprüfen kann, ob die Beschreibung, die er jetzt zurückbekommt, immer noch stimmt. Die Teilnehmer sollen dadurch mit dem *Felt Sense* in Berührung kommen, diesem Spürgefühl ihres Körpers: *Es fühlt sich scharf an, nein, das passt nicht ganz, es ist auch etwas irgendwie ... Mildes dabei, etwas Rundes, eine*

Art runder Schärfe, ja, das passt jetzt! So kommen die Teilnehmer mit ihrem einzigartigen Empfinden in Kontakt: wie es sich jetzt, hier, in dieser Situation, *exakt sinnlich spezifisch* anfühlt.

Bereits hier, bei der simplen Beschreibung eines Gegenstands, zum Beispiel eines zerbrochenen Sheriffsterns, können tiefe Prozesse einsetzen, in denen die Teilnehmer merken, dass sie über einen Teil von sich sprechen. Dann soll der Begleiter diese Gefühle sprachlich als ein Etwas adressieren und zurücksagen:

A (Erfahrende): Es fühlt sich scharf an, hier ist eine Kante, … die tut richtig weh, wenn ich darüber streiche.

B (Begleiter): Du spürst, da ist eine scharfe Kante, die richtig wehtut, wenn du darüber streichst …

A: Ja, dieses Ding hier ist nicht ganz, da fehlt etwas …

B: Du nimmst wahr, da fehlt etwas …

A: Ja, da fehlt etwas, ich glaube, es ist kaputt, es ist irgendwie zerbrochen worden …

B: Es ist kaputt, irgendwie zerbrochen worden …

A: Und jetzt werde ich ganz traurig …

B: Und du nimmst wahr, dass etwas in dir ganz traurig wird …

A: Ja …, und jetzt kommt ein Bild, ein kleines Mädchen …, das steht da ganz alleine mit einer Puppe, die kaputt gegangen ist …, Moment, das wird mir jetzt zu viel, ich heule ja gleich los!

B: Ja, da ist dieses kleine Mädchen dort, das steht da ganz alleine mit der Puppe, die kaputt gegangen ist, und dann merkst du etwas in dir, dem wird das jetzt zu viel, das hat Angst, gleich loszuheulen ...

A: Das ist mir jetzt zu peinlich ...

B: Ja, etwas in dir ist es jetzt zu peinlich ...

A: Ich mache jetzt die Augen auf. Aha, ein kaputter Sheriffstern! Und das reicht, mich fast zum Weinen zu bringen!

Sich zu identifizieren, also abzuspalten, bedeutet partiell zu existieren. Die anderen Teile unseres Selbst müssen sich außerhalb unserer Wahrnehmung befinden, sie müssen im Exil sein. Daher können wir auch unseren Körper in einer Identifizierung nur *partiell* wahrnehmen. In dem Moment, wo wir wahrnehmen, dass wir unseren Körper nur partiell spüren, gewinnen wir ihn zurück. Die Anerkenntnis: Mein Gott, ich bin ja nur im Kopf, führt dazu, dass wir wahrnehmen, wie sich dieses Im-Kopf-Sein im Körper insgesamt anfühlt – und daher diese Gastgeber-Instanz in uns gewinnen, die da sein muss, damit wir unser Im-Kopf-Sein überhaupt registrieren können.

Anerkennen führt in den Körper zurück, und wenn wir eine Anerkennung wirklich vollziehen, führt sie zu einem *Shift*. Bei einem tiefen *Big Shift* öffnen sich die Schließmuskeln des Beckenbodens. Nehmen wir an, wir grübeln eine lange Zeit über eine Situation und kommen nicht damit klar. Dann wird uns plötzlich klar, dass wir in Wahrheit wütend sind, so richtig sauer. Dabei öffnet sich schlagartig das Becken, es fließt wieder bis nach unten durch, und wir haben das Gefühl, befreit zu sein. Der Denkzwang, der uns bis eben noch folterte, kommt augenblicklich zum Erliegen.

Wenn wir erlauben wollen, was in uns ist, ist die Basis unser Körper. Egal, wie sehr und womit wir identifiziert sind, wir können jederzeit Kontakt zu unserem Becken aufnehmen, wir können spüren, wie sich der Kontakt unseres Gesäßes mit der Unterlage, auf der wir sitzen, anfühlt. Wir können auch spüren, wie angespannt oder entspannt unsere Schließmuskeln sind. Dies bringt uns mit der Gesamtheit unseres Körpers in Verbindung. Die Hinwendung und das Gewahrwerden, wie wir im Körper eigentlich gerade da sind, *wie es sich exakt anfühlt, gerade ich zu sein*, lässt uns unsere Identifizierung auf körperlicher Ebene anerkennen und erfahren. Und das, was gefühlt wird, kann sich verändern, nur das! Daher lege ich bei der Technik der Radikalen Erlaubnis großes Gewicht auf den Beginn, den *Körperkontakt*.

Der Körper als Basis

Wenn das Seminar beginnt, sind die TeilnehmerInnen zumeist gerade angereist, manche haben einen sehr langen Weg hinter sich: Sie sind um fünf Uhr aufgestanden, geflogen und noch mit dem Zug gefahren, andere haben eine stundenlange Autofahrt hinter sich und befinden sich gedanklich noch im Stau vor dem Elbtunnel. Wir müssen ganz von vorne beginnen: Hallo, wir haben da einen Körper, der sitzt gerade hier, und es gibt wirklich die Möglichkeit, mit ihm in Kontakt zu treten, indem wir fühlen, wie er gerade da ist. Um theoretische, der Erfahrung ausweichende Erörterungen zu vermeiden, lade ich gleich zu Beginn zu der Grundtechnik der Radikalen Erlaubnis ein. Dies tue ich in Form einer Trance-Übung, in der ich die Teilnehmer ausführlich zu einem Körperkontakt anleite:

1. Schritt:
Der Körper- Kontakt

Die Teilnehmer werden eingeladen, von den Füßen aufwärts in den Körper spüren: wie die Füße gerade da sind, wie die Füße sich eigentlich gerade anfühlen; es genauso fühlen, wie es sich dort anfühlt, in einer anerkennenden Weise: Es darf sich alles so anfühlen, wie es sich gerade anfühlt. Deine Füße sind kleine Kinder, sage ich, die warten da, die wollen gefühlt, anerkannt und gehört werden.

In dieser erlaubenden Weise gehen wir die Beine hoch, spüren den Kontakt des Gesäßes mit der Unterlage, spüren, wie unser Becken eigentlich gerade da ist. Auch das Becken ist ein Kind. Wie es sich gerade fühlt, wie es ihm jetzt gerade geht. Dann spüren wir den Rücken hinauf, wie es sich dort gerade *wirklich* anfühlt. Und immer wieder: Es darf sein. Es darf jetzt alles so da sein, wie es ist.

Sind Gedanken da, die dich ablenken, Gedanken, die dich scheinbar stören, dann kannst du sie mit einem Hallo begrüßen und sie wissen lassen, dass sie das dürfen: Sie dürfen dich ablenken, sie dürfen so da sein, wie sie da sind. Du bemerkst sie einfach, erkennst sie an und rufst ihnen ein Hallo zu.

Dann gehen wir durch die Schultern, durch die Arme und Hände, jeder einzelne Finger wird besucht. Weiter oben spüren wir nun in den Nacken: Wie ist der eigentlich gerade da?, und dann die Kopfhaut bis nach vorne, mit einem Ausflug zu den Ohren, zu diesem vielleicht kaum spürbaren Präsenzgefühl der Ohren. Nun spüren wir in dieser erlaubenden Weise durch das Gesicht, die Stirn, die Augenbrauen, die Augen: Wie schwer die sich eigentlich gerade anfühlen; dann die Nase bis zur Nasenspitze; der Mund und dann all die kleinen Muskeln des Gesichts. Wie sich das Gesicht insgesamt anfühlt. Und dann gehen wir nach innen, ins Körperinnere, wir spüren zunächst ins Innere des Halses, schlucken einmal, und spüren exakt nach, wie es sich dort im Hals von innen her anfühlt. Dann tiefer hinunter in den Brustraum, und wie es sich dort von innen her anfühlt. Mag sein, dass es nur ein ganz vages Gefühl ist oder sich irgendwie gar nichts spüren lässt – das begrüßen, genauso, wie es da ist. Und nun noch tiefer gehen, in den Oberbauchbereich, in Höhe des Magens, wie es sich dort von innen her anfühlt; nun noch tiefer, in die Tiefe des Bauchraums.

2. Schritt:
Die Einladung

Nun, wo wir uns in dieser Weise in unseren ganzen Körper eingespürt haben, aus diesem Gegründetsein im Körper, im Kontakt mit unserem Bauch, können wir eine Einladung dort hinunterschicken, ganz so, als würde dort unten der Bauch ein Fremder sein, ein Gegenüber, das dort selbstständig lebt. Wir können es mit einem Du ansprechen:

Ich möchte dich einladen, mich spüren zu lassen, was gerade meine Aufmerksamkeit benötigt.

Diesen Satz schicken wir innerlich zu unserem Bauch hinunter, und nun warten wir, wie der Bauch, wie unser gesamter Körper darauf antwortet. Dazu geben wir ihm mindestens 30 Sekunden Zeit. In dieser Zeit tun wir nichts. Die Einladung ist, ähnlich wie ein Brief, abgeschickt, jetzt warten wir. Weder feuern wir in dieser Zeit maschinengewehrartig diesen Satz immer wieder nach, noch sinnieren wir darüber, was gerade in unserem Leben los ist und welche Antwort wohl kommen müsste. Wir bleiben einfach auf eine neugierige, ruhige Weise gespannt. Was geschieht jetzt wohl, was macht der Körper? Wie antwortet er? Das ist die gleiche Haltung, die wir einem Freund gegenüber einnehmen, den wir etwas gefragt haben und nun Zeit geben, die Antwort zu finden. Wir geben unserem Freund da unten, unserem Bauch, Zeit, mindestens 30 Sekunden oder länger. Das klingt kurz, kann uns aber, wenn wir im Spüren sind, wie eine kleine Ewigkeit vorkommen. Wenn die Antwort kommt, sind wir ganz da und empfänglich. Alles, was dieser Empfänglichkeit entgegensteht, zum Beispiel Gedanken darüber, worum es eigentlich gehen müsste, sind Teile in uns, die wir nicht etwa wegdrücken, sondern begrüßen und erlauben. Auch Fragen oder Einwände begrüßen wir, anstatt gegen sie anzukämpfen: Ah, interessant, während ich auf die Antwort meines Körpers warte, bemerke ich eine Stimme in mir, die sagt: Heute geht es nicht, heute passiert sowieso nichts! Ja, dieser Gedanke ist gerade da. Wir lassen ihn da sein, aber wir identifizieren uns nicht mit ihm, sondern lenken unsere Aufmerksamkeit in unseren Körper. Wenn ein solcher Teil jedoch beharrlich bleibt und weiterhin unsere Aufmerksamkeit einfordert, ist er die Antwort: Es ist das, was unsere Aufmerksamkeit am dringendsten benötigt. Meist aber beruhigen sich einwanderhebende Anteile, sobald sie wahrgenommen und erlaubt worden sind. Gleichzeitig stärkt sich dadurch unsere Gastgeber – Position:

Ich bin der Raum, in dem alles genauso da sein darf, wie es jetzt gerade da ist.

3. Schritt:
Die Empfindung anerkennen und begrüßen

Die Empfindung, die sich auf unsere Einladung hin als Antwort zeigt, muss zunächst nicht unbedingt im Bauch lokalisiert sein, sie kann überall im Körper auftauchen. Es kann sich um eine Anspannung in unseren Schultern handeln, die wir schon länger hatten, aber die jetzt verstärkt in unsere Wahrnehmung tritt. Oder die Antwort kommt zum Beispiel als ein leichtes Ziehen, hier unten im rechten Mittelbauch, oder ein Stechen im unteren Rücken. Um mit dieser Empfindung eine Beziehung aufzubauen, erkennen wir zunächst einmal an, dass sie überhaupt da ist: Ah, ja, da ist etwas. Ich weiß nicht was, aber irgendetwas ist da wahrnehmbar in meinem rechten Bauch. Dann können wir einen ersten Kontakt mit der Empfindung herstellen, indem wir sie mit einem Hallo begrüßen und sie wissen lassen, dass wir sie wahrnehmen. Hallo, ich nehme dich wahr, ja, du bist da! Diesen Satz können wir zu dieser Empfindung schicken und warten dann in der beschriebenen neugierig offenen Weise, wie die Empfindung darauf antwortet. Vielleicht antwortet die Empfindung nicht, vielleicht zieht sie sich zurück, vielleicht stellt sich eine andere Empfindung irgendwo im Körper ein. Vielleicht mischt sich eine Stimme dazwischen und verhindert jedes weitere Spüren, indem sie uns sagt: Das ist alles nicht echt, das ist künstlich von dir gemacht! Was immer aber kommt, wir begrüßen es, so, wie es kommt. Ah, interessant, da meldet sich jetzt etwas in mir, das sagt: Es ist alles künstlich! Ah ja, hallo, du bist da, ich nehme dich wahr.

Bei diesem Anerkennen und Begrüßen und Es-wissen-lassen, dass es da ist, etablieren wir immer wieder die Gastgeber-Position: Hier sind wir mit unserer erlaubenden Aufmerksamkeit und dort ist ein Etwas, das wir wahrnehmen und anerkennen. Daher ist es egal, was als Antwort kommt, immer ist es ein Etwas, das wir zum Gegenstand unserer Wahrnehmung machen können. Diesen Prozess kontrollieren wir nicht mehr, unser Körper führt jetzt, und wir folgen ihm mit Radikaler Erlaubnis.

Schritt 4:
Die Empfindung *exakt* beschreiben

Eine Empfindung können wir nur exakt beschreiben, wenn wir ganz nah mit unserer Aufmerksamkeit an sie herangehen und erforschen, wie sie sich genau jetzt anfühlt. Wir beschreiben uns die Empfindung *sinnlich spezifisch*, das heißt, wo sie in unserem Körper gerade wohnt und wie sie sich genau anfühlt: etwa ein Vibrieren, ein Druck, ein Ziehen, ein Stechen, eine Verkrampfung, eine Art Schmerz. Das Schlüsselwort ist *exakt*. Wie fühlt sich die Empfindung exakt an? Damit eröffnen wir den Raum, jede Nuance zu erspüren: Das Ziehen in meinem rechten Bauch hat sich leicht nach links verlagert! Ganz leicht, kaum wahrnehmbar, aber kurz ist sie nach links gegangen ... Gut, das war eben, aber wo ist sie jetzt? Ah, nein, jetzt ist sie wieder nach rechts zurückgerutscht, aha, ja, hallo du, ich habe mitbekommen, dass du dich eben nach rechts bewegt hast und dann wieder zurückgegangen bist. Ja, ich nehme dich wahr, ich bin bei dir.

Dieses subtile Spüren, dieses Begleiten und Bewusstmachen von Mikro-Bewegungen ist der entscheidende Schritt, die Beziehung für unser Etwas sicher zu machen. Je genauer, je erlaubender wir dabei bleiben, desto sicherer und tragfähiger wird die Beziehung zu unserem Etwas. Daher ist dieser innere Dialog so wichtig, in welchem wir uns beständig beschreiben, was wir wahrnehmen, und diese dabei bewusst werdende Wahrnehmung dem Etwas rückmelden. Dabei ist die Metapher hilfreich, sich jedes Etwas wie ein kleines Kind vorzustellen, das gerne gehört und begleitet werden möchte.

Schritt 5:
Symbolbildung

Bei dieser Begleitung von einem Etwas tauchen Symbole auf, das kann gleich zu Anfang geschehen oder sich im Laufe des Beschreibungsprozesses einstellen. Typischerweise mischen sich Symbole in unsere Beschreibung mit den Worten hinein: Es fühlt sich an *wie* ... Ah, dieses Ziehen dort, das kommt mir *wie ein Band vor*, das sich von hier nach dort zieht, oder nein, kein Band, es ist eher metallisch ..., *wie ein Stück Eisen oder Stahl* ..., es ist fest und hart, unbrechbar, aber es hat auch Lücken, ah, es ist *wie eine Art Netz*, ah, jetzt habe ich es, es ist ein Netz aus Stahl!

Mit der Erfassung des gerade am meisten passenden Symbols kommt der tiefe Atem und ein Aha-Erlebnis: *Ja, das ist es!* Es gibt eine deutlich spürbare Veränderung im Körper, eine Erleichterung: Etwas in uns entspannt sich, löst sich. Diese Bewegung ist nicht gemacht, deshalb ist sie so erleichternd. Sie kommt von irgendwoher, sie ist ein Geschenk. Dabei haben wir nichts anderes gemacht, als die Empfindung genau zu beschreiben, bis wir zu einem Symbol gekommen sind. So ein Symbol ist immer überraschend, es ist frisch, und es ist einzigartig. Niemand hat jemals und wird jemals zu einem solchen Symbol finden und das Gefühl haben, es passt genau. Ein solches Symbol können wir auch nicht vorwegnehmen. Wir können uns annähern: wie ein Band, wie ein Stück Stahl; aber das Symbol, das dann genau passt, kommt als Überraschung: Ah, das ist es, ein Netz aus Stahl! Entscheidend ist hier, dass wir dieses Symbol *erfahren*. Es kommt zu uns, und mit ihm kommt diese Art von Gewissheit: *Ja, das ist es!*

Das kann man nicht erzwingen. Wenn wir versuchen, unserer Empfindung *vorschnell* ein Symbol aufzudrücken, zieht sie sich zurück. Es ist dieses subtile und genaue Im - Kontakt - Sein mit einer Empfindung, das ganz von selbst die entsprechenden Symbole hervorbringt.

Bilder und Filme

Auch Bilder oder Szenen sind in diesem Sinne Symbole. Nehmen wir an, ich bin mit einem Thema in die Arbeit gegangen: Da war ein Telefongespräch mit einem engen Freund, und irgendetwas hatte sich nicht gut angefühlt. Ich habe die Einladung in meinen Körper geschickt, dass sich das zeigen und spüren lassen möge, was meine Aufmerksamkeit möchte. Es hat sich eine Empfindung im rechten Mittelbauch eingestellt, diese Empfindung habe ich begleitet, dann ist da dieses Symbol gekommen, dieses Netz aus Stahl. Das hat sich gut angefühlt. Und nun kommt da plötzlich eine Szene aus meiner Vergangenheit: Wie ich als Junge mit dem Surfboard ins Riff gerast bin. Alles war kaputt, und ich lag auf dem Riff und hatte Angst, von der Brandung in die scharfen Korallen getrieben zu werden. Sieht mich mein Vater nicht? Er müsste mich doch vom Strand aus sehen und ein Rettungsboot schicken. Ah ja, dann verging eine halbe Stunde, wo ich im Riff lag und nicht weiter wusste. Irgendwie habe ich mich dann abgedrückt, ja, und dann habe ich einen Sprung riskiert, über die Korallen, die da wie Messer aus dem Wasser ragten, ja, und ich hatte Glück und bin tatsächlich darüber gesprungen und aus dem Riff rausgekommen, nur mit ein paar Seeigelstacheln im Knie. Dann bin ich an Land geschwommen, und da ist mein Vater und lacht, er sagt, er habe das schon gesehen, was da passiert ist, aber er habe gewusst, dass ich das schon schaffen würde, mh ...

So eine Erinnerungssequenz ist keine Störung, keine Ablenkung, sondern sie ist der nächste Schritt, den unsere Empfindung geht. Durch unser exaktes Begleiten und Hinspüren hatten wir die Grundlage geschaffen, dass so eine Erinnerung nun aufsteigen kann. Sie hängt mit der Empfindung zusammen, aber wir wissen nicht, wie. Wiederum besteht unsere Aufgabe nicht darin, dieses Erleben zu interpretieren oder zu deuten, sondern dem, was sich zeigt, in einer erlaubenden Weise zu folgen.

Nun hat sich in dieser Erinnerungssequenz ein Junge gezeigt, der ein schwerwiegendes Erlebnis bestehen muss. Der ist nun da. Genauso, wie wir eine körperliche Empfindung anerkennen, begrüßen und begleiten, verfahren wir mit diesem Jungen: Hallo, ich nehme dich wahr, und bei mir ist angekommen, was du da erlebt hast. Ich spüre, wie gefährlich das für dich war. Wie groß deine Angst war, wie sehr du dich nach Hilfe von deinem Vater gesehnt hast, und wie verzweifelt du warst ..., und dann diesen Sprung riskiert hast ..., und wie es dann für dich war, als dein Vater gelacht hatte. Ah ..., ich spüre, wie sehr du dich geschämt hast, du hast dich in diesem Augenblick geschämt, wirklich Angst gehabt zu haben! Und dann hast du so getan – hast so tun müssen! – als sei das alles ganz leicht gewesen ...

Und dann sehe ich innerlich diesen Jungen, wie er sich zu mir wendet, und wie verletzt er ist. Ich bin tief berührt, ich liebe ihn. Ich sage innerlich: Hallo mein Schatz, ich bin da, ich bin bei dir. Er kommt nun unsicher und ängstlich auf mich zu, liegt in meinen Armen, und ich halte ihn fest. Dabei bemerke ich, wie mir Tränen aus den Augen rinnen. Das geschieht ganz ruhig und still, auch ein Schluchzen kommt, aber auch das ist nicht überwältigend oder stürmisch, sondern von einer Art Stille begleitet, von dieser Sicherheit, dass gerade etwas in Ordnung kommt. Mein Atem ist tief, und ich spüre meinen ganzen Körper, den Bauch, das Becken, die Beine, den Kontakt meiner Füße mit dem Boden. Ich bin ganz da, ganz in meinem Körper. Jetzt ist es schön, da zu sein und zu leben. In diesem Moment gibt es keinen Krieg in mir, keinen Zweifel und keinen Mangel. Alles ist mit mir okay. Es gibt auch nichts zu denken oder wenn, dann stört es mich nicht. Ich werde nicht von meinen Gedanken getrieben, ich habe einen Abstand zu ihnen, weil ich mit meinem Körper verbunden bin.

Wenn wir eine solche Arbeit machen und in dieser Weise etwas Ungehörtes ans Licht bringen, haben Vergangenheit und Zukunft keine Bedeutung, die Gegenwart genügt, und wir genießen uns selbst in dem, wie wir jetzt da sind. Es ist der Genuss an unserer Empfindungsfähigkeit, an unserer Tiefe und Lebendigkeit – einer Gegenwärtigkeit, die von selbst trägt. Diese Gegenwärtigkeit ist gerade nicht durch Anstrengung zu erreichen, wie etwa, wenn wir uns zu disziplinieren versuchen, mit all unseren Sinnen ganz im Hier und Jetzt zu sein.

Schritt 6:
Danken und Abschluss

Wenn wir eine solche Erfahrung machen dürfen, dann fühlen wir, dass ein Teil von uns, der lange nicht gehört worden und der in einer traumatischen Situation steckengeblieben ist, zu uns zurückgekehrt. Das, was damals gefehlt und was dieser Teil seitdem immer wieder gesucht hat, ist nun hinzugekommen, sodass dieser Teil den nächsten Schritt tun kann. Er gehört zu uns, sein Schicksal, wie ich es oben beschrieben habe, ist ans Licht gekommen und zu unserem geworden. Dieses Gefühl der Aussöhnung am Grunde unserer Existenz wollen wir genießen und auskosten. Vielleicht fühlen wir uns auch erschöpft, wohlig erschöpft, wie wenn man etwas Großes geleistet hat. Sich ins Bett legen, einen Spaziergang am Fluss machen, das mag jetzt das Richtige sein. Zuvor können wir uns bei den Teilen und unserem Körper für das bedanken, was sie uns gezeigt haben. Dieser Dank ist nicht aufgesetzt, sondern empfunden, dennoch sollten wir ihn bewusst ausdrücken, wir können diesen Dank wieder in Form eines Satzes in unseren Körper schicken. Dann nehmen wir uns noch etwas Zeit, bis wir unsere Augen öffnen. Diesen Übergang, wo wir das Außen wieder in unsere Wahrnehmung miteinbeziehen, können wir ganz sanft begehen. Wenn wir die Augen öffnen, legen wir vielleicht eine Hand auf unseren Bauch und bleiben mit dieser Tiefe in Kontakt, signalisieren unseren Anteilen, wir bleiben da, wir halten den Kontakt, auch wenn wir wieder mit der Außenwelt interagieren. Vielleicht kommt ein kurzer Gedanke an unser Ausgangsproblem, da war dieses Unbehagen über das Telefongespräch mit dem Freund. Vielleicht interessiert uns das nicht mehr, oder es blitzt eine Art Erkenntnis auf: Ah, das war wie damals mit meinem Vater. Das war es, was so wehgetan hatte. Vielleicht haben wir später das Bedürfnis, unserem Freund davon mitzuteilen: Hey, hast du Lust zu hören, was unser letztes Telefongespräch bei mir ausgelöst hat? Das hat dann aber nicht die Dringlichkeit, etwas klären zu müssen. Wenn unser Freund zuhören kann (was nur wenige können), dann wird er uns erzählen lassen und uns exakt bestätigen, was wir erlebt haben – er kommuniziert mit uns genauso erlaubend, wie wir mit unseren inneren Anteilen kommunizieren. Er wird sich nicht rechtfertigen, er wird nicht gegen das argumentieren, was sich in uns abgespielt hat, und er wird unser Erleben nicht dadurch herabwürdigen, indem er uns zu trösten versucht.

Dieses Beispiel demonstriert, wie sich die Technik im Prozess auflöst. Es gibt einen Umschlagpunkt, wo wir ganz in den Prozess eintauchen und automatisch das Richtige tun. Die Technik, die einzelnen Schritte, helfen uns, den Boden für diesen Aussöhnungsprozess zu

bereiten – er findet dann statt, wenn wir bereit sind,
uns treffen zu lassen. Bereit sind wir, wenn wir unsere
Einwände anerkannt und gehört haben, dann ist der Weg
für das Darunterliegende frei.

Nichts fühlen können

Dieses Sich-treffen-lassen kann also von einwanderhe-
benden Teilen in uns verhindert werden. Wenn wir diese
Teile zu übergehen versuchen, bleiben wir stecken und
müssen frustriert abbrechen:

Christina: Ich komme nicht an meine Gefühle heran. Ich
weiß, dass sie irgendwo da sind, aber ich kann sie einfach
nicht fühlen. Es ist manchmal so, dass ich etwas fühlen
könnte, und dann komme ich doch wieder nicht dahin.
Ich bin so genervt von mir! Das ist alles so anstrengend ...
Ich: Du nimmst wahr, da ist etwas in dir, das so gerne
fühlen möchte. Und dann, wenn es schon fast soweit ist,
schiebt sich etwas anderes einfach davor. Kein Wunder,
dass etwas genervt davon ist und es zu anstrengend
findet. Das ist ja wie hinter einer Mohrrübe herzujagen
und immer ins Leere zu beißen ...
Christina: Ja! Das Beispiel beschreibt es ganz gut ..., und
was mache ich jetzt damit?
Ich: Du begrüßt das, was sich dazwischen schiebt. Ich

nenne einen solchen Teil, der das Fühlen verhindert, einen Wächter. An ihm ist kein Vorbeikommen. Er hat dir einmal das Leben gerettet, und er glaubt, er muss das auch heute noch tun. Fühlen hält er für zu gefährlich, deswegen fährt er dazwischen. Er will gehört werden, und seine riesige, lebensrettende Leistung will anerkannt und gewürdigt werden. Vorher gibt es keine Aussöhnung mit ihm. Wenn du mit ihm kämpfst oder an ihm vorbei willst, macht er zu. Er ist stärker als du. Wenn du vor ihm kapitulierst und anerkennst, dass er das Größte und Edelste in dir ist, wenn du diesen Respekt wirklich empfindest, macht er den Weg frei. Aber das machen wir dann morgen! (lache)

Christina: Ich bin auf jeden Fall dabei! (lacht)

Kapitel 10
Die Wächter und „Hijacking"

Die Antwort, die uns unser Körper auf unsere Einladung gibt, taucht wie ein Boot aus dem Nebel auf, sie ist unklar, verschwommen, vage. Wir ahnen nur: Da ist irgendetwas, da kommt irgendetwas ...

Dieses Etwas, das sich so schemenhaft nähert, kann sehr subtil sein, und es kann sehr leicht unserer Wahrnehmung entgehen. Es erscheint am Rande unserer Wahrnehmungsmöglichkeit, an der Grenze zwischen dem, wo wir sind und nicht mehr sind, zwischen uns und dem Nichts. An dieser Grenze zum Nichts wissen wir nichts. Wir spüren und ahnen ins Ungewisse hinein, wir navigieren an der Kante unserer Wahrnehmung, wir geben uns etwas Fremdem hin, etwas, das wir noch nicht kennen und das wir nicht kontrollieren oder berechnen können. In der Regel sind wir darin nicht geübt, und es sind zwei völlig unterschiedliche Dinge, dies intellektuell nachzuvollziehen oder es wirklich zu erfahren. Hat man es erfahren, weiß man sofort, wovon ich hier spreche. Ach ja, es ist dies *zunächst Unbehagliche, Merkwürdige ...*, ein persönliches Beispiel:

Als ich mit der Unterstützung eines Partners in dieser Weise in mich hineinspürte, meldeten sich verschiedene Empfindungen: Im Rücken war etwas, an den Schultern war etwas, im Kopf war etwas, im Bauch war aber nichts zu spüren. Es fühlte sich leer an, und da war die Stimme: Das wird heute nichts! Zwanzig Minuten lang erkannte ich an, wie mühsam und frustrierend es war, dass nichts passierte. Zum Schluss spürte ich noch einmal in die Schultern: links und rechts war da ein Druck, als ob ich zusammengepresst würde. Auch hier spürte ich exakt hin, aber es veränderte sich nicht. Mann, sagte ich, das fühlt sich ja an, wie in einem Schraubstock festzustecken, aber leicht verdreht, mh. Ich beendete die Übung, und einige Minuten später wurde mir plötzlich klar: Ja, momentan fühle ich mich so, als würde ich in einem Schraubstock festsitzen. Ja, das passt, das stimmt wirklich! Dann kam der tiefe Atem und die typische Erleichterung, die damit einhergeht, wenn ein Symbol erfasst, wie es sich in der Tiefe unseres Erlebens wirklich anfühlt.

Diese Übergangsphase des Unbehagens will ausgehalten werden, sei sie kurz oder, wie in diesem Beispiel, sehr lang. Einen solchen Schritt ins Ungewisse zu tun, an dieser Schwelle aufmerksam zu bleiben und auszuharren, provoziert unsere Wächter bis aufs Äußerste.

Die Wächter

Wächter nenne ich die Teile in uns, die sich dazu determiniert haben, uns vor den Gefühlen zu schützen, die einmal lebensbedrohlich waren. Sie wollen verhindern, dass wir noch einmal so etwas Schlimmes wie damals fühlen müssen, daher kontrollieren sie unser Erleben und schreiten ein, wenn wir in die Nähe dieser Gefühle gelangen. Wenn wir uns also mit diesem Ahnen und Spüren an den Rand unserer Wahrnehmung begeben, dorthin, wo *das Land unentdeckt* ist und die Gefahr besteht, in das emotionale Sperrgebiet einzudringen, werden sie sich melden und dieses Unterfangen zu verhindern suchen, und zwar aus gutem Grund: Sie glauben, sie retten uns dadurch. Sie haben kein Vertrauen in unsere Führung und glauben, dass wir, wenn sie uns gewähren lassen, von den Gefühlen, die sie abschirmen, überwältigt und vernichtet werden. Daher greifen sie ein und schützen uns vor unserem Erleben, sobald sie es für gefährlich halten. Das heißt, während wir auf die subtile Antwort unseres Körpers warten, fahren sie dazwischen und veranstalten ein lautes Getöse, dies kann zum Beispiel durch eine Flut von Gedanken geschehen, die kein subtiles Hinspüren mehr zulassen.

Hijacking

Der Zugriff unserer Wächter, sobald sie die Erfüllung ihres Auftrags gefährdet sehen, kann ungeheuer schnell erfolgen. Sie *hijacken* uns: Wie Entführer schlagen sie blitzschnell zu und kidnappen unsere Aufmerksamkeit. Eben noch wollten wir in den Körper spüren, nun befinden wir uns plötzlich in einem Analyseprozess unserer Beziehung oder Lebenssituation. Wie es dazu gekommen ist, haben wir nicht mitbekommen, das ist uns vollkommen entgangen. Ohne es zu merken, haben wir uns mit unseren Wächtern identifiziert, das heißt, wir glauben, was sie sagen, und wir reagieren darauf, was wir glauben. Ganz im Gegensatz zu der Subtilität der Empfindungen an der Kante unserer Wahrnehmung, die leicht übergangen werden können, sind diese reaktiven Gefühle mächtig, klar und können gerade *nicht* übergangen werden.

In der Identifizierung mit unseren Wächtern kauen wir altbekanntes Erleben erneut durch, oder wir bemerken, dass wir jetzt gar nichts mehr spüren können. Da kommt nichts als Antwort, es ist nichts da. Noch einmal sei betont, wie mächtig das Wirken unserer Wächter ist: Sie besetzen uns total, und sie können das sehr raffiniert tun. Je fortgeschrittener und geübter wir in dieser Spürarbeit sind, desto raffinierter benutzen sie diese Fähigkeit, um einen Prozess zu simulieren. Sind wir gar nicht darin geübt und haben keinen Begleiter, der uns unsere Identifizierung spiegeln kann, wird unser Prozess an dieser Stelle steckenbleiben und muss wegen zu hoher Frustration abgebrochen werden.

Gegen einen Wächter zu arbeiten, heißt, identifiziert zu sein: *Ich komme einfach nicht an meine Gefühle heran! Eben hätte ich fast etwas gefühlt, und jetzt doch wieder nicht. Ich will endlich auch einmal meinen Bauch spüren. Wäre doch nur dieses Hindernis endlich weg. Ich kann mich nicht mehr ertragen, meine Unfähigkeit ist unerträglich!*

Im Kampf gegen unsere Wächter befinden wir uns in einer Sackgasse: Nichts geht mehr, und es ist unerträglich. *Ich bin so blockiert. Wäre doch nur die Blockade weg.*

Nun befinden wir uns innerlich in einem Beschuldigungsprozess. Den Wächter, mit den wir uns hier identifizieren, können wir den inneren Kritiker nennen. Nimmt er so richtig Fahrt auf, hören wir nur noch, wie wertlos wir sind, und fühlen tiefe Niedergeschlagenheit. Aus diesem Zustand können wir jedoch sofort herauskommen, indem wir etwas tun, was ich *Nur du!* nenne.

Nur du!

Die Identifizierung mit unseren Wächtern ist in dem Moment beendet, wo wir sie zum Gegenstand unserer Wahrnehmung, *unseres Interesses*, machen. Dann sagen wir uns: Ah, das ist ja interessant. Ich hatte eine Einladung in meinen Körper geschickt, und während ich auf die Antwort wartete, bin ich in Gedanken gerutscht, und nun stelle ich fest, dass ich gar nichts mehr spüren kann, das ist ja interessant. Da gibt es also etwas in mir, das ist irgendwie dazwischen gegangen. Ja, da ist jetzt etwas in mir, das verhindert, dass ich in meinen Bauch spüren kann. Das ist mein momentanes Erleben. Ich sitze hier, fühle den Kontakt meines Körpers mit der Unterlage, und habe einen Gast in mir. Hallo, ich nehme dich wahr, du bist da. Und da du da bist, gehörst du zu mir, und jetzt wende ich mich dir zu. Nur du! Nimm mich ganz, ich bin da, völlig offen für dich! Du darfst das tun, was du tust.

Das schockt unseren Wächter

Was? Was habe ich gehört? Hat da jemand gesprochen? Ist plötzlich jemand da? Nein, das kann nicht sein. Eine Illusion. Ich glaube nicht, dass da jemand gesprochen hat, unmöglich!
Wir: Doch, doch. Ich höre dich. Bei mir kommt an, für wie unmöglich du das hältst, dass jemand da sein könnte und mit dir spricht.
Wächter: Absolut! Das kann nicht sein.
Wir: Nein, das kann nicht sein. Das höre ich. Und während du das für absolut wahr hältst, bin ich da und höre dir zu. Du darfst das für wahr halten, und ich bleibe bei dir.
Wächter: Was ist das für eine linke, hinterhältige Falle? Du

versuchst, mich dazu zu verführen, dir zu glauben, um mir dann umso mehr wehtun zu können. Aber da mache ich nicht mit. Ich traue niemandem, und ich lasse mich nie mehr verraten, hörst du! Und am wenigsten von dir! DIR traue ich schon gar nicht, hast du das verstanden, du hinterhältige Schlange ..., du verlogenes Schwein ...

Wir: Ja, das ist bei mir voll angekommen. Mir traust du am allerwenigsten, und du hältst mich für eine linke, hinterhältige Schlange, für ein verlogenes Schwein, das dir eine Falle stellt.

Wächter: Ganz genau!

Wir: Mh, ich höre das, ich bin da, und ich bleibe bei dir.

Wächter: Nein, verschwinde. Ich will dich nicht. Ich hasse dich. Verpiss dich!

Wir: Ja ..., ich spüre, wie sehr du mich verabscheust. Und wie sehr du mich hasst.

Wächter: Ich werde dir nie, nie! wieder vertrauen ...

Wir: Ja ..., das ist bei mir angekommen. Du wirst es nie wieder tun. Und auch wenn du mir nie wieder vertrauen wirst, bleibe ich hier.

Wächter: Du hast mir so wehgetan ...

Wir: ... ja, ich spüre, wie sehr ich dir wehgetan habe ..., ich spüre, wie groß dein Schmerz ist ..., wie unendlich er ist, und wie er nie wieder gutgemacht werden kann ...

Wächter: Ja, es kann nie wieder gutgemacht werden ...

Wir / Wächter: Nein, das kann es nicht! (*Big Shift*)

In diesem Beispiel zeigt sich, wie das Wahrnehmen, Anerkennen und Radikale Erlauben zu einer Verwandlung des Wächters in ein Kind führt, das verlassen und verraten worden ist. Das ist die andere Seite des Wächters: Wenn wir den Teilen, die uns besetzt halten, zuhören und ihr Schicksal ans Licht kommt, fühlen wir uns ausgesöhnt mit uns selbst, gelöst und befreit. Wir fühlen uns so, wie Erleuchtete ihren Dauerzustand beschreiben: Ganz verbunden, im Frieden mit uns selbst, ganz im Hier und Jetzt.

Für immer

Wenn sich also die Wächter in dieser Weise einmischen, arbeiten wir mit ihnen und begleiten sie. Wie ich erwähnte, wird das, was sich wehrt, in der Radikalen Erlaubnis nicht übergangen, sondern zum Hauptgegenstand der Wahrnehmung gemacht. Dass ein Wächter auftaucht, kann zu jeder Zeit geschehen, auch später, wenn wir längst eine Beziehung mit einer Empfindung etabliert haben. Das Wording: *Du brauchst dich nicht zu verändern, du darfst so da sein, und zwar für immer!* kann uns einen Wächter, der im Hintergrund unserer Wahrnehmung agiert, bewusst machen. Er wird sich dann sofort melden und uns wissen lassen: *Nein, ich will nicht, dass es für immer da bleibt. Ich will, dass es sich verändert, am besten sofort verschwindet!* Dann kümmern wir uns um diesen

Wächter und erkennen an, wie sehr er das andere weghaben möchte.

Erst wenn wir den Einwand unseres Wächters hören und ihm die Erlaubnis geben, *dagegen* sein zu dürfen, beruhigt er sich – und gibt den Zugriff auf die Empfindung wieder frei. Jetzt darf die Empfindung so bleiben, wie sie ist, für immer, und auch der Wächter darf sich dagegen wehren, für immer. Von beiden, von der Empfindung und dem Wächter, haben wir uns nun abgegrenzt und können ihnen insofern ein begleitendes Gegenüber sein und ihre Ambivalenz zulassen. Diese Instanz in uns, die unsere widerstreitenden Teile in ihrer ganzen Ambivalenz simultan da sein lassen kann, nenne ich den *Gastgeber*. [7]

Wächter wollen unsere Kapitulation

Wir können einen Wächter als ein autonomes Gebilde ansehen, ein eigenständiges Wesen mit einer eigenen Persönlichkeit. Er ist uns fremd und er muss uns auch fremd sein, denn er existiert außerhalb unseres Bewusstseins. *Ich möchte etwas fühlen, aber ich bin blockiert!*, heißt, es gibt etwas, das uns beherrscht und unserer bewussten Kontrolle offenbar nicht zugänglich ist. Der Wächter ist mächtiger als wir, und das will anerkannt werden. Wächter wollen aber nicht nur unsere Anerkennung, sie wollen, dass wir vor ihnen wahrhaftig kapitulieren: *Ja, du bist größer als ich! Ich habe begriffen, dass du mächtiger bist als ich!* Das wollen sie hören. Diese Kapitulation muss jedoch echt sein. Jede Nuance einer Manipulation erspüren sie und beantworten sie augenblicklich mit einer Machtdemonstration: Alles geht zu, plötzlich können wir nichts mehr fühlen, sondern nur noch denken und analysieren. Sind wir bei diesem Vorgang im Körper eingespürt, erfahren wir das Einschreiten des Wächters symbolisch: Im Bereich unseres Zwerchfells zeigt sich zum Beispiel eine Scheibe, die undurchlässig wird, etwa indem sie sich zu einer Betonplatte verfestigt. Oder zu einem Schutzschirm, der komplett abdeckt, was darunter ist. Häufig werden unsere Wächter in Symbolen erfasst, die hermetisch abdichten: eine Mauer, ein Gebilde aus Stahl oder Eisen. Je weiter wir von einer Anerkennung, Kapitulation und Aussöhnung mit unserem Wächter entfernt sind, desto fester und undurchdringlicher wird das Symbol, das sich formt. Wir müssen anerkennen: Hier gibt es absolut kein Durchkommen! Diese Anerkenntnis besänftigt den Wächter. Dann wird kurzzeitig der Schirm transparent, und wir können schemenhaft hindurchsehen. Aber noch während wir ausrufen: Hey, ich sehe, da ist noch etwas anderes da unten!, verdichtet sich schon wieder der Schirm. Der Wächter gewährt uns einen kurzen Blick auf das, was er schützt, dann merkt er, dass wir gierig dahin wollen, ohne ihn weiter zu beachten: Ah, denkt er, ich war also nur Hindernis, aha! Und dann macht er wieder zu. Er hält uns für unfähig, mit dem umgehen zu können, was unter ihm ist. Er ist der Große und wir sind die Kleinen, so sieht es für ihn aus, und aus seiner Perspektive hat er damit recht. Er lebt immer noch in der Situation, in der er entstanden ist: Als es lebensbedrohlich war und er geboren wurde, einzig und allein mit der Aufgabe, unser Leben zu retten. Die Geburt unseres Wächters geschieht im Trauma, meist in der Kindheit, und seine Aufgabe ist es, die überwältigenden Gefühle unten zu halten, außerhalb unserer Wahrnehmung. Auch wenn die Zeit fortgeschritten ist und wir erwachsen geworden sind, für ihn, unseren Wächter, ist es immer noch so wie damals.

Kapitel 11
Emotionales Sperrgebiet und Trauma

Ein Trauma definiere ich als einen Vorgang, in dem unser System den Halt verliert: ein strukturelles Versagen, wo die Hülle, die uns zusammenhält, bricht. Wir erfahren etwas, zumeist als Kind, das so überwältigend ist, sich so schlimm und lebensbedrohlich in unserem Körper anfühlt, dass unser Nervensystem ein Notfallprogramm startet. Die von unserem Nervensystem autonom als lebensbedrohlicher Stress eingestufte Empfindung wird eingefroren, zwischengelagert und als emotionales Sperrgebiet markiert. Ein undurchdringlicher Zaun oder Mauer, Schutzwall oder hermetisch abriegelnder Schirm wird errichtet, und überall werden Schilder aufgestellt: Radioaktive Zone – Betreten tödlich! In die Nähe kommen auch!

Dieser Prozess läuft autonom ab. Er ist unserem Zugriff entzogen, ähnlich wie der Ablauf bei einem Kreislauf-Schock aufgrund der Verringerung des Herzminutenvolumens: Wir verlieren viel Blut, soviel, dass die Blutmenge zur Versorgung unserer lebenswichtigen Organe nicht mehr ausreicht, dann schüttet das Nervensystem Adrenalin aus, um die Blutspeicher zu entleeren; hilft das nicht, schaltet es auf Zentralisation: Jetzt werden in einem Notkreislauf nur noch die lebenswichtigen Organe versorgt, und wir verlieren das Bewusstsein. Diese Prozesse geschehen automatisch, wir können da nicht eingreifen. Es ist *hardwired*: ein im Nervensystem angelegtes Notfallprogramm, um unser Leben zu retten. Ähnlich verhält es sich im Trauma: Es ist ein psychisch-neurogener Schock, der anläuft, wenn das psychische Überleben eines Menschen nicht mehr gewährleistet ist. Wie wir hier sehen, ist das ein subjektiver Faktor. Es kann sowohl ein Unfall sein, bei dem ein Elternteil stirbt, es kann die unterschwellige Androhung des Suizids eines Elternteils sein, es kann auch ein abruptes, brutales Entziehen von Aufmerksamkeit sein. Genauso könnten aber auch all diese Dinge kein Trauma auslösen, nämlich dann, wenn Rahmenbedingungen gegeben wären, die die Überlastung des Nervensystems verhindern würden: zum Beispiel, wenn jemand da ist, der in einer solchen Situation Sicherheit und Begleitung gibt, sodass die Empfindungen im Körper erlaubt, gehalten und gespürt werden könnten.[8] Da dies in der Regel nicht der Fall ist, lösen diese Ereignisse ein Trauma aus.

Hier zeigt sich, dass das Trauma nicht durch ein schlimmes Ereignis entsteht, sondern unabdingbar mit der Erfahrung des Alleingelassenseins zusammenfällt. Die zentrale Ursache für ein Trauma ist die Verlassenheit: Die Erfahrung, mit überwältigenden, lebensbedrohlichen Empfindungen völlig alleine dazustehen, und sie nicht einordnen und bewältigen zu können.

An dieser Schwelle, an diesem *Umschlagpunkt* in unserem Nervensystem tritt das Notfallprogramm der Abspaltung in Kraft. Insofern kann man sagen, das Leben ist nach dem Trauma ein völlig anderes als davor.

Die Leere wird zum Feind

So war vor dem Trauma die Leere kein Feind. Vor dem Trauma war das Nichts schön. Vor dem Trauma hat die Gegenwart getragen und gehalten. Hat man hingegen ein Trauma erfahren, ist das Nichts zu einer Bedrohung geworden – jederzeit kann es einen verschlucken! In die Gegenwart kann man sich nun nicht mehr hineinfallen lassen, denn unbewusst, in unserem Nervensystem verankert, haben wir gelernt: Sie trägt nicht! Nie wieder kann man dieser Lücke vertrauen! In unserem Nervensystem ist abgespeichert, dass dieses Vertrauen in das Nichts, dieses Hineinfallen in den gegenwärtigen Moment, die Ursache für das Trauma gewesen sei.

Zeitlich stimmt das. *Zeitlich* vor dem Trauma waren wir geborgen im Sein, wir waren im Nichts verankert. Während wir das waren, geschah unvermittelt das Schlimme: Kennzeichen des Schocks ist, dass unser Nervensystem völlig unvorbereitet getroffen wird. Diese Erschütterung führt in unserem Nervensystem zu dem

Rückschluss, diese temporale Abfolge sei eine kausale: Die Geborgenheit im Sein, gerade diese Verankerung im Nichts sei es gewesen, die das Trauma verursacht habe. Doch das ist falsch. Das ist ein falscher Rückschluss, denn das Nichts, das Hineinfallen in die Gegenwart, war zwar dem Trauma zeitlich vorgeschaltet, es hat aber nicht das Trauma verursacht. Es war die Erfahrung der Verlassenheit, die das Trauma verursacht hat.

Das darf nie wieder passieren!

Unser Nervensystem hat die Erfahrung des Verlassenseins mit der Erfahrung des Nichts gleichgeschaltet. Das kostet uns die Geborgenheit im Sein, denn das Fühlen des Nichts bedeutet nun automatisch die schockartige Erfahrung des Verlassenseins! Unser Nervensystem hat gelernt: Ah, erst war da das Nichts, okay, da haben wir uns, naiv, wie wir waren, voller Vertrauen hineinfallen lassen. Dadurch konnte das Schlimme erst passieren, aha! Vertrauen, Loslassen, sich in die Gegenwart einfach hineinfallen und von ihr tragen lassen, das führt in die schlimmste Erfahrung, die wir in dieser Existenz überhaupt machen können. Denn dann erfahren wir, dass wir grundsätzlich allein sind, einem feindlichen Universum hilflos ausgeliefert. *Das darf nie wieder passieren!* Nie wieder dürfen wir dem Sein vertrauen! Sobald eine Lücke auftaucht, sobald das Nichts erschimmert, spring ich an und verhindere die Katastrophe, die sonst unweigerlich geschehen würde.

Wir müssen sicher sein

Dieser Lernprozess ist uns unbewusst. Was wir aber merken, ist die Angst vor dem Nichts und die Unfähigkeit, sich der Gegenwart hinzugeben – ohne sogleich in Panik zu verfallen. Wir müssen kontrollieren. Wir müssen etwas haben, woran wir uns festhalten und womit wir uns vor dem Nichts schützen können: einen Plan, eine Perspektive, Bezugspersonen. Bevor wir etwas erleben, müssen wir wissen, was das sein wird, um es kontrollieren zu können. Und wenn wir etwas erleben, dann muss es etwas sein, das wir schon kennen und wo wir uns darauf verlassen können, dass nichts Schlimmes passiert. Wir müssen *sicher* sein! Und wir müssen alles tun, um zu verhindern, dass wir noch einmal alleine da stehen. Alles ist besser als das.

Um diese Einsamkeit nie wieder erfahren zu müssen, nehmen wir jede Anstrengung, und auch jede Entwürdigung, in Kauf.

Magisches Denken: Ich bin schuld

In der kindlichen Psyche, die das Trauma erfährt, geschieht noch ein anderer Rückschluss, der nicht nur das Vorkommen des Traumas selbst abwehrt, sondern auch die schmerzhafte

Anerkenntnis einer Grundtatsache unserer Existenz: dass wir absolut allein sind, ohne Eltern, Gott oder irgendwem oder irgendetwas, das uns beschützt. Um diese schmerzhafte Anerkenntnis abzuwehren, entwickeln wir die narzisstisch-größenwahnsinnige Idee, wir seien selbst schuld an dem, was uns passiert. Mit dieser Idee, der Fehler liege bei uns, und das Leben habe nur deshalb so zugeschlagen, weil mit uns etwas grundsätzlich nicht stimmt, machen wir uns zum Zentrum der Welt: Mama hat sich ermordet, weil ich ungenügend bin. Papa ist gegangen, weil ich bedeutungslos bin. Meine Eltern waren nie für mich da, weil ich unwichtig bin. Das alles passiert, weil ich wertlos bin. Wäre ich etwas wert, dann hätte sich irgendwer, sei es Papa, Mama oder Gott, um mich gekümmert!

Dieser zweite falsche Rückschluss, dass unser fehlerhaftes Wesen die Ursache für das Schreckliche gewesen sei, ermöglicht es, den Verlassenheitsschmerz als Tatsache des Lebens zu leugnen, und demzufolge ihn überhaupt nicht fühlen zu müssen. Denn wenn ich schuld bin, wenn ich verantwortlich bin, dass dies geschehen ist, dann liegt es auch in meiner Macht, zu verhindern, dass es noch einmal geschieht. Und zwar dadurch, dass ich mich verbessere, dass ich es von nun an richtig mache. Nun verbringe ich den Rest meines Lebens damit, zu beweisen, dass ich doch nicht wertlos bin.

Wertlosigkeit

Allein die Frage in uns zu bewegen und einen Dialog darüber zu führen, ob wir wertlos sind oder nicht, ist das Anzeichen für Abspaltung, für eine Identifizierung mit unserem Wächter. Wir betrachten uns hier als ein Objekt, zensieren uns selbst wie ein Lehrer, und meinen unbewusst, wir könnten an uns selbst beliebig herumdoktern. Dabei ist die gesamte Vorannahme, unser Wert sei diskutierbar, falsch. Wir sind weder wertlos noch wertvoll. Die daraus resultierende Idee, das Universum zeige uns durch gute Ereignisse, dass wir auf dem richtigen Weg sind, und durch schlechte, dass wir fehlgehen, ist eine Projektion. Wir machen das Universum oder Gott zu unseren Eltern, und erwarten, ganz wie Kinder, Strafe oder Belohnung. Außerhalb dieser Sphäre der Projektion liegen die Dinge ganz anders. Die Frage nach unserem Wert stellt sich gar nicht, sie ist irrelevant. Wir sind weder wertvoll noch wertlos, sondern sind, was wir sind. Unsere Beziehung zu Gott und dem Universum ist ebenso irrelevant, es gibt gar keine. Die Annahme, das Universum oder Gott sei ein Gegenüber, das auf uns reagiert, sich um uns kümmert oder vernachlässigt, ist eine infantile Anthropomorphisierung, und kann nur diskutiert werden, wenn wir identifiziert sind und daher automatisch Spaltung voraussetzen. Wir sind das Universum, genauso wie ein Tropfen das Meer ist. Wenn ein Tropfen im Meer anfängt, in sich zu diskutieren, ob er wertvoll für das Meer ist – ob das Meer ihn richtig oder falsch behandelt und was er tun kann, damit das Meer ihm endlich freundlich gesonnen ist – dann handelt es sich um einen psychopathischen Tropfen! Einem Tropfen, der größenwahnsinnig geworden ist und alle Tatsachen verdreht. Das Meer kümmert sich nicht um seine Tropfen. Auch wenn die Tropfen noch so unendlich leiden, es unterhält trotzdem keine Beziehung zu ihnen. Es *ist* die Tropfen.

Falsche Glaubenssätze

Diese von Grund auf fehlerhaften Rückschlüsse und Vorannahmen über uns und die Welt sind vollständig unbewusst und stammen aus dem Reich des Magischen Denkens. Dennoch bestimmen diese Glaubenssätze unsere gesamte Existenz. Unser ganzes Leben ist durch sie organisiert und aufgebaut. Sie sind die Ursache für unsere Anstrengung, für unser Getriebensein, und sie sind auch die Ursache dafür, dass wir uns nie ganz im Frieden mit uns fühlen. Sie sind grundfalsch. Noch schlimmer, durch unseren Versuch, den existenziellen Schmerz des Verlassenseins zu leugnen, bringen wir ihn auch immer wieder hervor. Überall schimmert er durch, und wo wir ihn ansatzweise spüren, greift sofort unser Notfallprogramm ein: Wir tun alles, um ihn zu verhindern, glauben, dass wir schuld sind und es verhindern können, machen faule Kompromisse, erfahren wieder Verlassenheit, wehren uns erneut, und so weiter ... Wir sehen an dieser Stelle, wie sinnlos unsere Bemühungen sind, wenn wir unsere Wächter nicht erkennen und uns klar von ihnen abgrenzen. Es gilt, unsere Wächter anzuerkennen und ihnen voll und ganz zuzustimmen. Es gilt, bewusst zu bleiben, wenn sie in Aktion treten. Anstatt ihnen zu glauben, gestatten wir uns, sie vollständig zu erlauben und zu erfahren. Dieser Schritt verändert alles. Er bedeutet allerdings auch, durch den Schmerz der Verlassenheit zu gehen. In unserem Bauch, unter unseren Wächtern, wartet dieser Schmerz darauf, gefühlt und *gehalten* zu werden.

Kapitel 12
Das Nadelöhr des Unaushaltbaren

Nun können wir große Konzepte aufstellen, wie sich die Dinge verhalten, Systeme entwickeln, wie ich es hier in Bezug auf die Wächter tue, das alles kann uns Linderung verschaffen, indem wir uns selbst besser verstehen. Verändern tun wir uns dadurch noch nicht. So schön es ist, die Dinge zu verstehen und einordnen zu können, so gefährlich ist es auch. Noch ehe wir uns versehen, haben unsere Wächter auch dieses System assimiliert und benutzen es, um uns vor der Gegenwart und dem Nichts zu schützen. Dann machen wir uns etwas vor, dann hängen wir einem Gedankengebäude an, das uns irgendeine Art von Sicherheit und Führung geben soll.

Viele Teilnehmer kommen in meine Seminare und haben meine Bücher gelesen. Sie sagen: Ich kenne alles, was du geschrieben hast, ich habe alle deine Videos rauf- und runter gesehen. Ich bin zu dir gekommen, um einmal live mitzuerleben, was du hier veranstaltest. Etwas großartig Neues erwarte ich nicht, ich kenne ja schon alles. Einen Tag später, wenn das Seminar Fahrt aufgenommen hat, widerrufen diese Teilnehmer diese Aussage. Andere kommen in meine Seminare und halten mich für eine große Nummer, einen Guru. Sie himmeln mich an. Nach ein oder zwei Tagen, wenn klar wird, dass ich sie nicht rette, und dass ich auch jeden Versuch aufdecke und zurückweise, gerettet werden zu wollen, widerrufen auch sie und halten mich für einen Verräter. Einmal hörte ich: „Ich habe noch nie jemand gesehen, der so menschenverachtend arbeitet wie du!" Manche werden also richtig böse auf mich und manövrieren eine Weile auf der Kante, ob sie das Seminar verlassen oder nicht. Nicht wenige Teilnehmer spielen das Spiel: *Ich kann nicht! Es geht nicht. Helft mir, sonst gehe ich unter.*

Dann unterbreite ich das Angebot, dieses Erleben als ein Etwas, das jetzt da ist, anzuerkennen und zu erlauben. Ich sage dem Teilnehmer: Ja, das ist jetzt bei dir da, das ist jetzt in dir lebendig! Magst du dieses Etwas in dir, das jetzt sagt: Ich kann nicht!, dieses Etwas in dir, das Hilfe möchte und die Angst hat, unterzugehen, einmal in dir begrüßen, es wissen lassen, dass du es wahrnimmst, und dass es so empfinden darf ..., und dann im Körper spüren, wie es sich dort anfühlt ...

Ich will nicht!

Wenn ich dann immer noch höre: Ja, das möchte ich schon gerne, aber ich kann es eben einfach nicht!, dann mache ich vielleicht noch einen letzten Vorschlag, in dem sich bereits die Grenze meiner Geduld andeutet, und in dem ich unterbringe, was ich wirklich darüber denke: Ich lade ein, dieses Erleben zu totalisieren und sich dazu zu bekennen.

Dann sage ich:
Sag, ich will das nicht! Bekenne dich voll und ganz dazu! Steh dazu! Sag: Ich will nicht in den Bauch spüren. Ich verweigere das! Ich will es nicht als ein Etwas begrüßen. Sag: Ich will dem, was in mir jetzt da ist, nicht zuhören. Ich will diese Arbeit nicht leisten! Ich will, dass ihr das für mich tut. Sag mir ins Gesicht: Tue du das für mich, Mike, schließlich habe ich dich dafür bezahlt. Heile du mich jetzt. Nimm mir die Arbeit ab, damit ich ganz Kind bleiben kann, mich ganz an dich dranhängen und dir wie ein Vampir die Lebenskraft absaugen kann. Sag: Ich lechze danach, dass du, Mike, und ihr anderen, ihr alle, dass ihr euch alle um mich kümmert und euch um mich bemüht. Für mich ist es köstlich, wenn ihr tut und macht, wenn sich alles nur um mich dreht. Ich labe mich daran, wie ihr euch einen abzappelt, mich zu retten, und ich euch dann an meinem ewigen Ich kann nicht! verrecken lasse. Sag: Ich möchte sehen, wie ihr alle an mir verreckt, das möchte ich und nur das!

Es kann passieren, dass ich damit die ganze Gruppe gegen mich aufbringe. Dass sich manche Teilnehmer empören und sich als Beschützer aufspielen. Andere schalten einfach ab. Sie dissoziieren, weil es ihnen jetzt zu unangenehm wird. In diesen Phasen ziehe ich klare Grenzen und unterbinde jeden Missbrauch, indem ich exakt bei meinem Bauchgefühl bleibe und die Teilnehmer ebenso darin unterstütze, in ihren Bauch zu spüren und exakt wahrzunehmen, wie es sich dort anfühlt. Es wird jetzt so schlimm, sagen manche, dass ich es nicht mehr aushalten kann! Dies ist ein anderes Nicht – Können. Ich sage dann:

Genau! Und jetzt da bleiben, hier und jetzt! Während es unaushaltbar ist, bleibst du da, bleibst du in deinem Körper und erforschst, wie es sich dort exakt anfühlt. Das geht! Das ist wie ein Nadelöhr, durch das du dich hindurchspürst. Und während alles in dir aufschreit und weg will, hältst du es – ohne, dass es besser wird und ohne, dass du weißt, ob es jemals besser wird.

Das Wunder

Wenn dies auch nur ein Einziger in einem Seminar vollzieht, befreit es alle. Es ist so, als ob sich die „Energie" bis zum Äußersten zusammenzieht, und wenn wir hier dabei bleiben, geschieht das Wunder: Unerwartet und überraschend wird es darunter frei.

Plötzlich kommt der Fluss. Als ob in ein ausgetrocknetes Flussbett, das in der Dürre ächzt und stöhnt, das Wasser einströmt – und mit dem Wasser kommt das volle Leben! Alle, die dabeigeblieben sind, alle, die nicht emigriert sind, sondern es ausgehalten haben, eine Weile mit dem Unaushaltbaren da zu sein, werden belohnt, *unerwartet* belohnt. Der Lohn besteht in einer ganz tiefen Gelöstheit, die plötzlich aus dem Nichts kommt. Das Nichts und die Gegenwart sind wieder freundlich geworden, sie tragen wieder. Das ist eine ganz tiefe Erfahrung. Sie erfordert, das Unaushaltbare für eine Weile auszuhalten. Alle Wächter voll in Aktion zu erleben, aber ihnen nicht nachzugeben, sondern sie zu *stehen* und *da* zu bleiben. Diese Erfahrung ist es, die verändert. Das theoretische Verständnis kann helfen, diese Erfahrung vorzubereiten, aber es kann sie nicht ersetzen. Wir müssen es erleben, dass wir das Unaushaltbare *doch!* aushalten können. Erst diese Erfahrung, dieser sinnliche Beweis relativiert alle diesbezüglichen Glaubenssätze, die wir vorher über uns und die Welt hatten: Aus dem Nichts, das uns vorher mit Verschlucken drohte, kommt die Rettung! Und die Gegenwart, die uns vorher als zu unsicher erschien, trägt doch – und nur sie trägt, und alles andere eben nicht. Dies jedoch muss erfahren werden, dies muss durchgangen und sinnlich gespürt werden, damit es in unserem Nervensystem ankommt. Keine Theorie, keine

Philosophie, kein noch so plausibles psychologisches oder spirituelles System kann es uns abnehmen, durch dieses Feuer zu gehen und uns selbst *aus-zu-stehen*.

Kapitel 13
Die Entdeckung der Radikalen Erlaubnis

Zur Radikalen Erlaubnis, zu diesem Schritt, bedingungslos alles zu erlauben, was gerade da ist – und sonst nichts zu tun, nichts hinzuzugeben oder zu verändern, sondern es einfach so da sein zu lassen, wie es ist; es dem Nichts zu präsentieren und das Nichts den nächsten Schritt machen zu lassen – bin ich durch eine Art „Zufall" gekommen.

Damals besuchte ich ein Seminar von einer amerikanischen Focusing-Trainerin, die eng mit Gene Gendlin zusammenarbeitete. Wir sollten mit einem Partner fokussieren: Den anderen in den Körper führen und den Felt Sense begleiten. Nun trug es sich zu, dass ich mit einem Mann arbeiten musste, mit dem ich im Laufe des Seminars schon aneinandergeraten war. Seine ständige Kopfschüttelei und seine kritisch intellektualisierenden Fragen, auf die die Trainerin sich meines Erachtens zu sehr eingelassen hatte, waren mir derart auf die Nerven gegangen, dass ich ihn vor der Gruppe anfuhr, beides zu unterlassen. Dazu passte es dann auch, dass er gleich zu Beginn, schon bei der Einspürung in den Körper, die Übung sabotierte. Er wollte seine Augen nicht schließen, nicht einmal das, nach drei Tagen Focusing! Meine Vermutung war, dass er mich vor der Trainerin als Trottel bloßstellen wollte, der nicht einmal die Anfangsinstruktion hinbekommt. Diese Genugtuung wollte ich ihm jedoch nicht geben, deshalb sagte ich zu ihm: *Ja, so ist das. Du kannst deine Augen nicht schließen. Sag einfach Hallo dazu!* Dann sagte ich nichts mehr, schloss meine Augen und begann in meinen Bauch zu spüren.

Das fühlte sich gut an, damit hatte ich mich der Verantwortung für das Gelingen der Übung entledigt. Die Übung selbst hatte ich abgeschenkt. Ich wollte die Zeit aber wenigstens dazu nutzen, intensiv in meinen Bauch zu spüren. Ich machte jedoch eine merkwürdige Entdeckung: Ich meinte, in meinem Körper exakt spüren zu können, was bei ihm geschah. Mir war sogar so, als ob ich ihn genau sehen könnte, obwohl meine Augen geschlossen waren. Ich bemerkte ein intensives Panikgefühl im Bereich meines Solarplexus', während ich hörte, wie mein Partner sich unruhig bewegte. *Und jetzt? Was machen wir jetzt?*, stieß er schließlich hervor. Das war aber exakt das, was mein eigener Panikteil fragte.

Ich entschloss mich, mit diesem Teil in mir zu arbeiten und es laut auszusprechen: *Ah, hallo*, sagte ich, *da bist du ja. Herzlich Willkommen! Bei mir ist angekommen, wie groß deine Panik ist!*

Darauf reagierte mein Partner so, als hätte ich ihn selbst angesprochen. Er sagte: *Ja, das stimmt. Ich bin panisch. Ich hab richtig Schiss!*

Ich spürte diese Angst in meinem Körper, und ich spürte exakt nach, wie sich diese Angst genau anfühlte. Es war eine Art dunkler Koloss, der von unten gegen das Zwerchfell drückte und heraus wollte, aber nicht herauskam. Er machte gequälte Geräusche und gleichzeitig hörte ich, wie bei meinem Partner der Magen knurrte.

Ich sagte: *Ich spüre, wie gequält du bist. Wie gefangen du dich fühlst, und wie sehr du daraus möchtest.*

Nun kam die Verzweiflung. Der Koloss verwandelte sich zu einem kleinen Jungen, der an einem See im Regen saß und angelte. Das war eine Kindheitserinnerung von mir. Die Einsamkeit, die Trostlosigkeit dieses Jungen, schien unaushaltbar zu sein. Tränen flossen mir aus den Augen, ganz still und stetig, und ich sagte: *Ich spüre, wie verlassen und wie traurig du bist ..., mein Schatz!*

Der Junge weinte so sehr. Er kuschelte sich einfach an mich ran und weinte, und ich sagte: *Mein Schatz, du darfst das, du darfst das jetzt! Du darfst mir das alles zeigen, ich bleibe bei dir, und ich gehe nicht weg.*

Nach einer Weile beruhigte er sich. Es kam ein ganz tiefer Atem, und ich fühlte mich erleichtert. Ich war ganz ruhig. Erst jetzt kam mir wieder zu Bewusstsein, in welcher Situation ich mich befand. Ich hatte meinen Übungspartner völlig vergessen. Als ich meine Augen öffnete, sah ich einige zerknüllte Taschentücher neben ihm. Offenbar hatte auch er geweint. Auch sah er nun ganz anders aus, er wirkte gelöst und offen. *Ich weiß nicht, was eben passiert ist,* sagte er, *aber ich fühle mich wunderbar. Ich bin dir unendlich dankbar für diese Arbeit.*

Nur *ein* Prozess

Was aber war hier in der Übung passiert? Eigentlich hatte ich doch gar nicht mit ihm gearbeitet, sondern nur mich selbst begleitet. Klassisches Focusing war das nicht! Im Focusing postuliert man einen neutralen Begleiter, der nur das zurückgibt, möglichst wörtlich, was der Fokussierende äußert. Der Begleiter soll seine eigenen Prozesse zur Seite stellen und zu einem Spiegel werden, an dem der Fokussierende sein eigenes Erleben bestätigt findet und vertiefen kann. Danach wechseln die Positionen, der Begleiter wird zum Fokussierenden und hat nun seinerseits die Gelegenheit, die Prozesse, die er zuvor beiseite gestellt hat, zu durchlaufen.

In dieser geschilderten Übung schien es aber so, dass ich in meinem Körper erfuhr, was mein Partner in der Übung erlebte, und umgekehrt. Das war alles ganz synchron abgelaufen. Indem ich den Teil in mir begleitet hatte, hatte ich ihn begleitet. Und noch weiter gegriffen: Indem ich in mir die Angst, die Verzweiflung und die Einsamkeit erlaubt und *wirklich* erlebt hatte, konnte er sie auch in sich erlauben und erleben. Wenn ich dies nicht in mir erlaubt hätte, hätte auch er es nicht erlauben können. Der Schluss, den ich daraus zog, war gravierend: Ich nahm an, dass sich die Trennung zwischen Begleiter und Erfahrenden im *Prozess* aufhob. Es gab keine zwei Individuen, die jeweils ihre privaten Prozesse hatten, das war eine Illusion, es gab nur den *einen* Prozess.

Dieser Spur, die in dieser Übung damals gelegt worden war, bin ich seitdem gefolgt. Sie ist nicht zu verwechseln mit „Spiritualisiererei". Ein spirituell sich Überhebender würde sagen: Ja, alles ist eins, das ist nun wirklich nichts Neues, das weiß ich schon lange, schön, dass du es endlich auch gefunden hast, wenngleich auch mühsam. Hör dir mal Eckhart Tolle an, der kommt viel schneller zum Punkt: Der sagt gleich, wir sind alle nur ein Bewusstsein, es gibt nur ein einziges Bewusstsein! Du brauchst nur still zu werden, dann hast du's!

Das zu glauben, das zu übernehmen, ist ganz leicht. Man kann es wie ein Banner vor sich hertragen, an dem jede Anfechtung, jede Auseinandersetzung zerschellt. Etwas ganz anderes ist es, die *Trennung zu erfahren,* sie auszuhalten und durch sie hindurchzugehen.

Wenn ich heute ein Seminar gebe, weiß ich, dass es mir selbst in gewisser Weise an den Kragen geht. Ich gebe keine Seminare, wie ich es im NLP, Focusing oder in der Gewaltfreien Kommunikation erlebt habe, wo eine Methode unterrichtet wird und sich der Seminarleiter hinter der Rolle eines Vermittlers von Technik versteckt – und unantastbar, unverwundbar bleibt: Man kann ihm nicht nahe kommen, man kann nicht erkennen, wer er eigentlich ist. Er zeigt uns seinen Konflikt nicht.

Bekenntnis ablegen

Es wird ein Punkt kommen, das weiß ich bei jedem Seminar, an dem ich aufgeben muss, an dem ich mich und mein Mich-Wissen hingeben muss. Ich werde zu meinem Erleben stehen und dafür Bekenntnis ablegen müssen. Da ich dazu bereit bin und das tue, tun es auch die Teilnehmer. Die Teilnehmer merken, *hey, der Typ da vorne, der lebt ja wirklich. Der ist da und der erlebt jetzt wirklich etwas. Im Grunde weiß der auch nicht mehr als ich, der ist genauso ein Mensch wie ich. Das spüre ich. Er geht mir zwar ab und zu auf die Nerven, aber er macht mir nichts vor. Er sagt, was er tatsächlich denkt. Egal, wie beschissen das ist, was er sagt, immerhin ist es ehrlich! Jetzt wird er wütend, guck dir das an, jetzt schmeißt er sogar den Stuhl durch die Gegend! Buddha ist er jedenfalls nicht.*

Bedingungslos dem Prozess vertrauen

Wenn ich mit jemand arbeite und ihn begleite, arbeite ich mit mir. Ich benutze das Sensorium meines Körpers, ich bleibe im Kontakt mit den Empfindungen in meinem Bauch, unterhalb meines Zwerchfells. Ich registriere jede Veränderung, die in meinem Körper geschieht, und folge ihr. Ich habe keine Ahnung, wohin das führt, aber ich habe in mir ein *bedingungsloses Vertrauen in den Prozess*. Ich weiß, dass ich diesen Prozess nicht steuern und nicht machen kann. Der Prozess läuft von sich aus ab, hat seine eigene Dynamik, Weisheit und Choreografie. Alles, was ich tun kann, ist, diesen Prozess nicht zu behindern.

Je weniger ich weiß, desto besser

Ich vertraue mittlerweile bedingungslos meinem Gespür. Die therapeutischen Interventionen, die ich unternehme, *gebären* sich aus dem Augenblick. Zwar plane ich meine Seminare präzise und entwickle eine genaue Choreografie des Ablaufs, aber nur, um mit Beginn des Seminars alles wieder zügig fallen zu lassen. Je weniger ich weiß, desto besser. Am besten ist es, gar nichts mehr zu wissen. Die meisten Übungen, auch die Erörterungen über Radikales Erlauben, wie ich sie in den Videos veröffentliche, entstehen spontan. Ich habe einmal die Rückmeldung zu einem Video bekommen: *Warum sprichst du so langsam? Ich kann das nicht ertragen. Sprich schneller!*

Ich spreche teilweise langsam, weil ich nicht weiß, was ich als Nächstes sage. Ich weiß das nächste Wort nicht. Ich habe so eine Grundidee, so eine Ahnung, wohin es will, und ich formuliere ins Ungewisse hinein, dabei spüre ich nach, was sich stimmig anfühlt. Woher weiß ich, was sich stimmig anfühlt? Woher weiß ich, dass die therapeutische Intervention, die sich gerade entwickelt, die richtige ist? Ich weiß es nicht. Ich spüre es. Diesem ahnenden Spüren vollkommen zu vertrauen, ist das ganze Geheimnis meiner Arbeit. Um das aber tun zu können, muss einem das Nichts wieder zum Freund werden.

Kapitel 14
Opfer sind böse

Ich habe einmal gelesen, es war bei John Bradshaw, das Größte, was im 20. Jahrhundert passiert ist, sei, dass sich zwei Menschen getroffen haben und sich voreinander völlig rückhaltlos ihre Wunde offenbarten. Sie legten das Bekenntnis ihrer Verletzbarkeit ab. (Bradshaw bezog sich hier auf die Gründung der Anonymen Alkoholiker und der 12-Schritte-Programme). Ich möchte diese Aussage bestätigen.

Götzendienst

Egal, welcher Methode wir uns bedienen, sei es zum Beispiel das Focusing, Gewaltfreie Kommunikation oder eine andere, die auf Achtsamkeit abzielt, so kann sie uns zu einem Vehikel werden, radikal ehrlich mit uns umzugehen. Dann führt sie uns zu einem Bekennen dessen, was gerade wirklich in uns lebendig ist. Wenn also dabei herauskommt, dass wir wirklich in den Kontakt mit unserer Verwundbarkeit gehen und vor anderen – ohne Vertagung, sondern *in Echtzeit* – dafür einstehen, dann befreit uns diese Methode und dann verändern sich die Dinge wirklich. Andererseits, kommt ein solches Bekennen und Für-Sich-Eintreten aber nicht dabei heraus, dann werden diese Methoden zu einer Krücke, an der wir uns festhalten, anstatt frei zu werden. Dann warten wir auf ein Irgendwann. Wir unterhalten in uns die infantile Fantasie, irgendwann geheilt und unverwundbar zu werden – dann, erst dann!, geht es los. Dann wird alles gut sein, dann werden wir eins mit uns selbst sein. Wir vertagen den Moment, wann es wirklich losgehen soll, und überlassen es der Methode, uns dort hinzubringen. Wir dienen einem Götzen, wir werden zu Abhängigen dieser Methode, und wir werden zwangsläufig energetischen Missbrauch betreiben.

In den 1990er Jahren, als ich Holotrope Atemarbeit und Transpersonale Psychotherapie bei Stan Grof machte, habe ich Leute erlebt, die fortwährend dieselben Geschichten wiederkauten. Da war eine Frau, die nach vier Jahren intensiver Seminararbeit sich immer noch an der Geschichte festhielt, sie sei in einem früheren Leben eine Tempeltänzerin gewesen, die Verrat begangen hatte und im heutigen Leben dafür büßen müsse. Das Wort „Tempeltänzerin" brachte ein seliges Lächeln auf ihr Gesicht. Sie lebte als Haushälterin bei einer Frau, von der sie sich sadistisch quälen ließ. Ich erinnere, dass ich sie damals fragte, wann sie der Alten endlich vor den Koffer scheiße. Sie rümpfte die Nase und buchte weitere Atem-Seminare.

Das schuldet uns die Welt

Die Vermeidung, mit unserer Verwundbarkeit in Kontakt zu gehen und sie *offensiv zu bekennen*, ist eine Verweigerung, erwachsen zu werden und unser Leben voll zu verantworten. Es ist eine Regression in einen kindlichen Zustand, in dem wir immer noch hoffen, dass unsere Eltern vorbeikommen und uns alles, was schwer ist, abnehmen. Natürlich sind es heute nicht mehr die wirklichen Eltern, sondern alle Bezugspersonen, vor allem Beziehungspartner und Autoritätspersonen, auf die wir diese Erwartung übertragen: Sie sollen dafür sorgen, dass es für uns leicht wird. Sie sollen uns die Last unseres Lebens abnehmen, damit wir endlich doch noch die unbeschwerte Kindheit genießen, die wir nie gehabt haben. Tief in unserem Inneren halten wir diese Erwartung für berechtigt. Das steht uns zu, das schuldet uns die Welt!

Missbrauch

Unsere Eltern kommen aber nicht mehr vorbei, um uns doch noch zu retten – weder real noch in projizierter Form als Gott, Schicksal, Welt oder Märchenprinz. Gott wird nicht vorbeikommen, um uns diese Arbeit abzunehmen, auch wenn wir es noch so sehr von ihm einfordern.

Wenn wir nicht selbst den Schritt gehen, für unsere Wunde und unsere Bedürfnisse einzustehen, dann kommt es unweigerlich zum Missbrauch. Je mehr wir uns als Opfer betrachten, desto mehr werden wir zum Täter.

Ich kann nicht!

Wenn wir uns nicht gerade selbst in der Rolle des ewigen Kindes behaglich eingerichtet haben und unsere gesamte Umwelt damit erfolgreich manipulieren, dann wissen wir, wie unangenehm es ist, mit einem erwachsenen Menschen in einem Raum zu sein, der das Kind spielt und mit seinem *Ich kann nicht!* konsequent jede Verantwortung vermeidet. Wir hören: *Dies kann ich nicht, das kann ich nicht. Es ist mir gerade zu viel.* (Jeder Konflikt ist immer zu viel und wird mit Rückzug beantwortet!) *Ich brauche Zeit, ich weiß einfach nicht, was gerade bei mir los ist. Tut mir leid, ich kann jetzt nicht mehr sprechen, am besten ich gehe, oder doch nicht? Was meinst du?*

Latente Aggression

Oder wir treffen auf das eiserne Schweigen. Ein Schweigen, das in seiner Härte unmissverständlich klar macht: *Von mir ist absolut nichts zu erwarten. Ich übernehme keinerlei Verantwortung für die Situation, sieh du zu, wie du damit fertig wirst, mich geht es nichts an. Ich mauere mich hermetisch zu, ja, das mach ich. Und dann gucke ich dir zu, wie du an dieser Situation verreckst. Ich belaste dich maximal. Ich hänge mich voll und ganz, mit der ganzen Last meines Daseins an dich dran und lasse mich einfach nur noch ziehen!*

Vampirismus

Wenn wir in dieser Situation nun mit drinhängen, als Partner eines solchen Kindes in Erwachsenen-Gestalt oder auch als Teilnehmer in einer Seminargruppe – es passiert in beinah jedem Seminar, dass Teilnehmer übergangsweise in den Zustand des verstockten, erwartenden Kindes regredieren – fühlen wir uns unendlich betrogen. Uns vergeht jede Lebensfreude. Wir spüren, wie uns die Lebensenergie genommen wird, es ist *energetisch* wahrnehmbar. Wir spüren, hier geschieht ein Unrecht, hier zieht und saugt jemand an uns wie ein Vampir und unterwandert unsere Grenzen. Ich nenne dies energetischen Missbrauch, und ich halte ihn für grundsätzlich *böse*. Nicht selten schimmert bei demjenigen, der das betreibt, ein verräterisch lustvolles Lächeln durch. Dieses Lächeln bedarf es jedoch nicht, um den energetischen Missbrauch zu erkennen. Wir können das in unserem Körper wahrnehmen, wenn wir unter das Zwerchfell spüren. Dann merken wir dort ein Etwas, einen dunklen Klumpen etwa, der sich klebrig anfühlt und der seine klebrigen Fühler in unsere Eingeweide ausstreckt, *um noch mehr zu bekommen.* Hier ist es dieses *Klebrige,* das den Missbrauch anzeigt. Wenn das Böse noch unterschwellig gezielter eingesetzt wird, zum Beispiel, wenn ein Teilnehmer ständig leicht den Kopf schüttelt oder abfällig den Mundwinkel nach unten zieht, aber uns bei der Konfrontation eiskalt ins Gesicht leugnet, dass bei ihm etwas los sei, dann kann es sich in unserem Bauch so anfühlen, als würden unsere Eingeweide durch einen Fleischwolf gedreht werden.

Zurückhalten von Informationen

Gerade die Zurückhaltung einer Information, die die Beziehung und Situation klären könnte, ist ein hoch-aggressiver Akt, der aber nicht als solcher erkennbar ist. Andeutungen zu machen, die eine Informationslücke aufreißen, die man aber nicht willens ist, auszufüllen, ist ein ebenso aggressiver, böser Akt. *Übrigens, übermorgen habe ich keine Zeit! – Äh, gut, wieso denn nicht? - Muss ich mich jetzt dafür rechtfertigen, dass ich mal einen Abend für mich haben will?* Auch hier liegt das Böse in der Verstellung des aggressiven Impulses, anstatt ihn erkennbar zu machen und radikal ehrlich zu kommunizieren: *Du hast eben gesagt, dass du dich nächste Woche mit deinen Freunden triffst. Das hat mir einen Stich versetzt, und jetzt ziehe ich in den Krieg und schlage zurück!*

Helfer-Komplex

Die Empfindungen, die bei uns ausgelöst werden, wenn mit uns unehrlich kommuniziert wird, sind so unangenehm, dass normalerweise ein Wächter eingreift, uns über dem Zwerchfell festhält und unsere Aufmerksamkeit nach außen richtet – um die Situation zu verändern. Meistens spüren wir nicht einmal unsere Wut. Das passiert insbesondere, wenn wir einen *Helfer–Komplex* unterhalten, das heißt, selbst als Kinder einem solchen Missbrauch ausgesetzt waren und nur überleben konnten, indem wir diese Gefühle abspalteten. Sobald jemand diese Gefühle in uns wieder antriggert, müssen wir ihn oder die Situation retten. Ganz so, wie wir vielleicht früher als Kind unsere Mutter oder unseren Vater retten mussten.

Unschuldige Opfer sind böse

Nun kann man sich auch an dem Begriff des Bösen stören, den ich oben bereits verwendete. Ich vermeide diesen Begriff aber nicht. Ich halte viel davon, die Dinge bei ihrem wirklichen Namen zu nennen. Missbrauch ist etwas Böses. Das bringt sogleich Schuld und Täterschaft ins Spiel. Genau darauf will ich hinaus: Wenn ein Erwachsener gegenüber anderen das Kind oder das Opfer spielt, tut er etwas Böses, er ist Täter und macht sich schuldig. Die schlimmsten Täter sind daher die, die sich für unschuldige Opfer halten. Niemand ist böser als sie. Niemand ist in Wahrheit aggressiver als sie. Und niemand spielt falscher als sie.

Das ist aber ausgesprochen schwierig zu erkennen, wenn wir nicht auf unserem Bauch ausgerichtet bleiben und den Empfindungen dort bedingungslos vertrauen. Tun wir es nicht, gehen wir in die Falle und halten die für harmlos, die das Opfer spielen. Dann glauben wir, dass diese Leute, die uns in Wahrheit die Energie abziehen, gerade nicht böse sind. Als seien sie wirklich zu schwach, ihr Leben zu meistern. Ihre Gebrechlichkeit ist so groß, dass ihnen das einfach nicht zuzumuten ist. Auch glauben wir, sie seien unfähig, irgendjemand ein Leid zuzufügen. Sie brauchen doch nur etwas Verständnis, ein wenig Unterstützung, Mitgefühl. Nein, das brauchen sie nicht. Was sie von uns brauchen, ist eine klare Grenze, die den Missbrauch aufdeckt und unmissverständlich unterbindet.

Die unmissverständliche Grenze ziehen

Manchmal muss man dabei bis zum Äußersten gehen. Tatsächlich habe ich erst vor kurzem die Notwendigkeit

gesehen, in einem Seminar zu einer der schärfsten Maß-
nahmen zu greifen: Zum ersten Mal seit rund 18 Jahren
Arbeit mit Gruppen saß ich vorne und tippte 110 ins
Handy, um eine Teilnehmerin von der Polizei aus meinem
Seminar entfernen zu lassen.

Diese Teilnehmerin hatte es zunächst geschafft, meine
Anmeldebedingungen zu unterlaufen, indem sie
sich auf meinen Anrufbeantworter für das Seminar
angemeldet hatte, aber sich weder telefonisch noch per
Email als erreichbar erklärte. Das Seminar hatte bereits
begonnen, da platzte sie hinein. Da wir uns in der fragilen
Anfangsphase befanden, in der sich alle unsicher fühlen
und erst noch ins Seminar hineinfinden müssen, wollte
ich nicht gleich ein Eklat provozieren und unterließ es, sie
sogleich zur Rede zu stellen.

In der Pause demütigte ich mich selbst, indem ich auf
sie zuging und um die Kursgebühr und Anmeldung bat.
Beides erhielt ich nicht. Sie hätte die Anmeldung nicht
ausdrucken können, da sie ja keinen Drucker habe, und
das Geld habe sie nicht mitbringen können, weil der
Zug Verspätung gehabt hätte. Auch hätte sie den Weg
erst noch finden müssen, was für eine Zumutung das
übrigens für sie gewesen war, denn sie sei ja schwer
behindert und könne nicht so gut gehen. Um nicht noch
später ins Seminar zu kommen und noch mehr zu stören,
habe sie daher *extra* darauf verzichtet, noch in die Bank

zu gehen und das Geld zu holen. Morgen würde sie alles nachreichen. Na gut, sagte ich, dann morgen früh, und winkte die Angelegenheit durch. Nachts zahlte ich dafür. Gerade als ich kurz vor dem Einschlafen war, tauchte diese Sequenz wieder in meinen Gedanken auf, und mit ihr kam eine Flutwelle von Ärger. Ich benötigte einige Zeit, um mich in meinen Bauch vorzuarbeiten und anzuerkennen, wie es sich dort wirklich anfühlte. Es war dieses „Fleischwolfgefühl", das in meinen Eingeweiden tobte – und ein Teil in mir, der keine Ruhe gab, bis ich nicht nur anerkannte, dass diese Teilnehmerin das Seminar unverzüglich verlassen musste, sondern auch den Ernstfall durchging, was zu tun sei, wenn sie meiner Aufforderung nicht nachkommen würde. Erst als ich in mir zugestimmt hatte, in diesem Fall vom Hausrecht Gebrauch zu machen und sie von der Polizei entfernen zu lassen, beruhigte sich der Teil und ließ mich einschlafen.

Am nächsten Tag kam die Teilnehmerin wieder zwanzig Minuten zu spät. Ich hatte gerade die Trance beendet, da kam sie pöbelnd in den Seminarraum und beschwerte sich über die Frechheit, dass man sie draußen fünf Minuten habe warten lassen. Ich bemerkte, dass mein Körper vor Wut zitterte, und ließ die Wut durch. Ich sprang auf und schrie sie an: Was fällt dir eigentlich ein? Nimm deine Sachen und verschwinde, sofort! Das Seminar ist für dich zu Ende, hier und jetzt! Raus mit dir!

Die Wut war nun am Licht, und ich bemerkte eine Beruhigung in mir. Die Teilnehmerin jedoch rührte sich nicht, sondern rief: *Was?! Ich habe den ganzen Weg auf mich genommen, ich bin mit dem Zug extra hierher gefahren, obwohl ich behindert bin! Das lasse ich mir nicht gefallen. Ich lasse mir von niemandem vorschreiben, was ich zu tun habe, am wenigsten von dir!* Dabei lächelte sie befriedigt.

Ich unterrichtete die Gruppe, was jetzt geschehen würde, ergriff mein Handy, das ich vorsorglich bereitgelegt hatte, und tippte 110 ein. Den Daumen schon auf der Wahltaste meldeten sich andere Teilnehmer zu Wort. Ich kam nicht mehr dazu, die Taste runterzudrücken. Wir verbrachten den Vormittag damit, die verschiedenen Teile, die sich durch diese Ereignisse bei den Teilnehmern zeigten, zu erlauben und mit dem Bauchgefühl in Kontakt zu gehen. Tatsächlich erwies sich dieser Vorfall nicht als Störung, sondern als ein Katalysator, der jeden Teilnehmer, mich eingeschlossen, in Kontakt mit eigenen Missbrauchserlebnissen brachte und die Möglichkeit bot, hier und jetzt aus der Opferrolle herauszutreten und sich die Erlaubnis zu geben, eine unmissverständliche Grenze ziehen zu dürfen. Da bist du und hier bin ich, und genau hier ziehe ich die Grenze.

Zu Beginn der Mittagspause ließ ich die Teilnehmerin wissen, dass sie nun gehen solle oder nach der Pause, wie angekündigt, entfernt werde. Verstanden hatte sie nichts. Mit der Litanei auf den Lippen *Was mir hier wieder angetan wurde* ... verschwand sie. Danach konnten wir völlig befreit arbeiten. Denn wenn auch nur ein Einzelner konsequent verweigert, sich zu öffnen und stattdessen Missbrauch betreibt, bekommt das Gefäß der Gruppe einen Sprung, es hält nicht. Daher müssen sich dann auch alle anderen Teilnehmer schützen und dichtmachen. Ein solcher Sprung im Gefäß darf daher nicht übergangen und durchgewunken werden. Daher schreite ich ein, wenn ich energetischen Missbrauch bemerke, und ich lasse es auch nicht mehr fallen, bis es gelöst ist. In der Regel löst es sich, und wenn das geschehen ist, ist das Gefäß sicherer geworden als davor.

Kapitel 15
Körperlicher Missbrauch

Vor kurzem fragte mich ein Teilnehmer, der getrennt von seiner Frau und seiner zwölfjährigen Tochter lebt, ob er mit seiner Tochter die Radikale Erlaubnis richtig durchgeführt habe. Seine Tochter habe ihm nämlich erzählt, dass ihre Mutter sie neuerdings schlage. Daraufhin hatte er seine Tochter eingeladen, in den Bauch zu spüren und ...

Hier unterbrach ich. Ich sagte ihm, dass ich dies für eine Beteiligung, wenn nicht gar Verschlimmerung des Missbrauchs halte – signalisiert er doch seiner Tochter: Ja, damit musst du selbst klarkommen, du musst nur richtig mit diesem Verbrechen an dir umgehen, dabei helfe ich dir, ansonsten nicht! Anstatt zur Tat zu schreiten und die Tochter sofort und mit allen Mitteln zu schützen!

Das Schlagen muss sofort aufhören! Notfalls, wenn es nicht sicher zu stellen ist, dass die Mutter mit dem Schlagen aufhört, muss er seine Tochter bei sich behalten und die Sache vor Gericht auskämpfen. Egal, wie das dann ausgeht, so ist das Verbrechen am Licht – und die Tochter rehabilitiert: Es ist anerkannt, dass ihr Missbrauch geschehen ist, dass ihre Integrität, die Wahrung ihrer Grenzen, verletzt worden ist – und dass sie ein Recht darauf hat, beschützt zu werden. Das ist meiner Auffassung nach das Wichtigste.

Das Schlagen von Kindern ist ein Missbrauch, der offensichtlich ist. Wenn einer meint, ein Klaps hier und da gehöre zu der anständigen Erziehung eines Kindes dazu, dann halte ich ihn für extrem gefährlich. Das Gefährliche liegt an der Bagatellisierung und Beschönigung eines Vorgangs, der dem Kind jede Würde und Integrität nimmt. Eine Person, die ihr Kind schlägt, ist nicht im Kontakt mit ihrem eigenen Schmerz und hat die Wunde, die ihr selbst geschlagen worden ist, noch nicht anerkannt. Daher ist sie verdammt dazu, diesen Schmerz in Form von Gewalt auszuagieren und bei anderen auszulösen.[9]

Beschwichtigung erkennen

Zu meiner Position, körperliche Gewalt strikt abzulehnen und sie als einen *vernichtenden* Eingriff in die kindliche Psyche aufzufassen, bin ich nicht durch theoretische Überlegungen gekommen. Erst vor kurzem, das ist drei, vier Monate her, lichtete sich der letzte Vorhang, der über dem körperlichen Missbrauch hing, den ich in meiner eigenen Kindheit erfahren habe. Ich meine nicht, dass es mir etwa nicht bewusst war, was mir widerfahren ist. Ich konnte alle Vorkommnisse erinnern und, wie ich dachte, auch frei und offen darüber sprechen. Auch war mir der

Vorgang, das Missbrauchsopfer den Missbrauch vor sich selbst verharmlosen, bekannt. Trotzdem, insgeheim – und das ist schwer, in sich zu bemerken und sich einzugestehen – bagatellisierte ich es doch! Tief verborgen in mir war der abschwächende Kommentar: Ja, so schlimm war das nun auch wieder nicht, das andere war schlimmer. Selbst wenn ich jemandem davon erzählte, und dieser sich vor Entsetzen die Hände vor das Gesicht hielt, dachte ich insgeheim: Ja, für dich hört sich das schlimm an, aber für mich, im Grunde, ist es gar nicht so schlimm, ich kenne es ja. Ich hielt den seelischen Missbrauch, den ich erfahren hatte, für weitaus schlimmer.

Wenn ich sage, der letzte Vorhang lichtete sich, dann meine ich diese letzte Beschwichtigung, die vor der vollen Wiedererfahrung liegt und die Anerkennung der Schwere des Einschlags verhindert. Es ist der letzte Wächter, der sich vor die Erfahrung des Vernichtetwerdens stellt.

Vor einigen Monaten, als ich mit einer schwierigen Situation konfrontiert war und Radikale Erlaubnis betrieb, machte der Wächter, der immer noch den Schleier der Beschwichtigung über die körperlichen Missbrauchs-erlebnisse gelegt hatte, den Weg frei. Das geschah ganz unerwartet. Plötzlich spürte ich den Fünfjährigen in mir, der von seinem Vater übers Knie gelegt und verprügelt wird. Ich schlüpfte in seinen Körper und erlebte, wie sich das wirklich für ihn angefühlt hatte, als sein Vater ihn festhielt und sich in Rage schlug. Wie das Böse, wenn es einen trifft, sich sinnlich spezifisch im Körper anfühlt. Es war ein Schock, das Ende der Welt – das Ende einer Welt, in der es Sicherheit und Geborgenheit gegeben hatte.

Energetisch verschluckt werden

Aber es so zu beschreiben oder auch zu sagen, man erfährt, dass man nichts wert ist und kein Recht auf Würde hat, ist bereits eine Distanzierung, eine Intellektualisierung. Die Erfahrung selbst fühlt sich für den Jungen so an, wie *energetisch* verschluckt zu werden. Da kommt etwas Gewaltiges, Böses, eine übermächtige Energie, und fährt wie eine Vernichtungswelle durch den Körper. Alles, was Bedeutung hat, stirbt in dieser Erfahrung. Man wird vernichtet, es ist eine energetische Todeserfahrung. Zu diesem Zeitpunkt, als Kind, ist diese Erfahrung nicht integrierbar. Es ist unmöglich für ein Kind, bewusst im Körper zu bleiben und durch diese Erfahrung des energetischen Todes hindurchzugehen. Daher muss der Körper verlassen, dies Erlebnis abgespalten werden. Es ist, wie ich oben beschrieb, die Geburt des lebensrettenden Wächters – die Installation des Notfallprogramms im Nervensystem, dass diese Erfahrung nie wieder geschehen darf.

Ich habe einen langen Weg zurücklegen müssen, diesen Jungen, der vernichtet wird, wiederzufinden und die Erfahrung, die er gemacht hat, körperlich zuzulassen und vor allem wahrzunehmen, wie es sich exakt im Körper anfühlt. Was damals nicht möglich war, nämlich bewusst im Körper anwesend zu bleiben, während die energetische Vernichtung geschah, hat mich 45 Jahre gegen diese Erfahrung kämpfen und sie gleichzeitig suchen lassen. Wenn ich mein erstes Buch *Befreie dein inneres Kind* mit den Worten beginnen ließ: *Papi, was ist der Sinn des Lebens?*, so ist es dieser tragische Hintergrund, vor dem dieser verlorene Junge seinem Vater die Frage stellt.

Dringe ich nun in die Wahrheit, *in die Wirklichkeit dieses Missbrauchs* wieder ein und erfahre die wirkliche Schwere dieses Traumas, dann vergeht mir der versachlichende Ton, den ich einmal gehabt habe. Mir vergeht jede Bagatellisierung dieser Vorfälle, und mir vergeht auch die Fähigkeit, sie bei anderen zu tolerieren.

Kapitel 16
Täterschaft, Schuld und das Böse

Die Ursache dafür, dass wir das Kind oder das Opfer spielen und dergestalt andere belasten, manipulieren und ihnen Lebenskraft abzapfen, liegt darin, dass wir selbst genau diesen Missbrauch erfahren haben. Das mildert nicht unsere Schuld, sondern erklärt sie und weist auch den Weg hinaus. Der Weg hinaus beginnt damit, zunächst zu erkennen und anzuerkennen, dass etwas in uns wirklich böse ist. Das Gift, das durch die Zurückhaltung der Aggression entsteht, muss in seiner ganzen Bösartigkeit ans Licht kommen. Uns muss bewusst werden, dass sich Gift in uns befindet und dass wir Missbrauch betreiben: Wir benutzen und manipulieren andere Menschen, um ihnen ihre Lebendigkeit, ihre Lebensenergie zu klauen. Dabei empfinden wir, so sehr wir das auch an der Oberfläche unseres Bewusstseins leugnen mögen, Lust. Es ist die Lust daran, nun endlich Täter zu sein und die Macht zu haben, über andere zu herrschen und sie zu kontrollieren.

Schuld

Der Missbrauch, den wir anderen zufügen, muss klar ans Licht kommen, das heißt, wir müssen unsere Täterschaft und Schuld erkennen und voll verantworten. Wir müssen zu unserer Schuld stehen!

Das ist etwas anderes, als sich selbst anzuklagen: *Oh Gott, ja, ich bin wirklich schlecht. Was ich tue, ist wirklich falsch. Ich bin so entsetzt über mich!* Das ist wiederum eine Ausweichbewegung, und sie ist wiederum böse. Wir weisen unsere Verantwortung ab, indem wir uns über uns entsetzen, als seien wir selbst die Opfer einer Macht, mit der wir nichts zu tun haben. Böse daran ist, dass wir uns nicht von dem Leid, dass wir anderen zufügen, treffen lassen und als Verursacher dafür geradestehen, sondern uns stattdessen selbst als das eigentliche Opfer darstellen. Wenn wir jemanden stellen und aufdecken, was er uns mit seinem *Ich kann nicht!* zumutet, und der andere sagt: *Ja, stimmt, nun erkenne ich es auch, ich werde ja immer wieder zum Kind. Du hast wirklich recht. Ich bin wirklich der schlimmste Mensch auf der Welt ...,* dann können wir in unserem Körper spüren, wie wir durch den Fleischwolf gedreht werden. Wenn jemand hingegen zu seiner Schuld steht, wird alles ruhig: *Du hast wirklich recht. Ich habe gespürt, wie du dich bemüht hast, und ich habe es genossen, dich gegen die Wand laufen zu lassen. Ich wollte, dass du auch leidest. Etwas hatte mich verletzt, und dann habe ich mich eiskalt an dir gerächt. Das ist die Wahrheit. Das habe ich getan. Hier stehe ich damit!*

Eine solche Reaktion, wo das Böse ans Licht gebracht wird, befriedigt alle. Das können wir im Körper direkt spüren: eine Weitung im Bauch, ein tiefer Atem und dieses Gefühl: Hier geschieht etwas Stimmiges, Richtiges, etwas kommt in Ordnung.

Erst wenn wir begriffen haben, wie böse und wie sehr wir Täter sind, kann der nächste Schritt erfolgen: Das ist die Anerkennung des Missbrauchs, den wir mit unseren eigenen inneren Anteilen betreiben.

Wenn wir Missbrauch betreiben, schaden wir nicht nur anderen, sondern vor allem uns selbst. Was wir anderen zufügen, fügen wir zunächst einmal uns selbst zu, in dem Sinne, dass wir unsere eigenen inneren Anteile genauso missbrauchen wie andere Menschen.

Wenn ich Missbrauch als die Tat definiere, anderen Menschen ihre Lebendigkeit und Lebensfreude zu nehmen, dann müssen wir also diese Tat auch an uns selbst vornehmen und unsere eigene Lebendigkeit unterdrücken. Das tun wir: Wir unterdrücken unsere eigenen vitalen Lebensimpulse. Sobald das Leben in uns intensiv wird, unterdrücken wir es und stoppen sofort. *Mir wird alles zu viel! Ich kann das jetzt nicht!* Daher unterdrücken wir auch die Lebensimpulse in anderen, sobald sie intensiv werden: Wir blockieren sie sofort und versuchen, sie noch im Keim zu ersticken.

Die Spaßbremse

Das tun wir natürlich nicht offen, sondern verdeckt. Der andere hatte einen „anmachenden" sexuellen Impuls, seine Augen leuchteten, und wir blocken das alles, in dem wir uns zum Problem machen. Statt sich der sexuellen Energie hemmungslos hinzugeben und in die Intensität und Spannung hineinzugehen, verwickeln wir den anderen in eine Diskussion, warum es bei uns wieder nicht geht. Statt guten Sex gibt es nun einmal mehr eine gemeinsame Erörterung über unseren psychischen Defekt, und wie man den wohl beheben könne. Wenn unser Spiel aufgeht, versucht unser Partner, der noch nicht wahrhaben will, dass ihm jeder vitale Impuls abgeblockt wird, uns zu überzeugen, doch noch loszulassen. Darin erschöpft er sich total, damit holen wir uns seine ganze Energie und können uns insgeheim an unserer Macht als Spaßbremse weiden.

Am Ende haben wir es geschafft, das Energiefeld unseres Partners einmal umzudrehen: War er vorher noch voller Lebensgier, liegt er nun in tiefer Depression an unserer Seite. Aber jetzt, wo wir das Leben in ihm erfolgreich abgeblockt haben, bemerken wir unsere eigene Depression.

Wir haben zugleich jedes Leben in uns selbst gekappt. Der nächste Schritt im Bösen ist nun, unseren Partner in der Depression zu übertreffen und ihm dafür auch noch die Verantwortung zu übergeben. Denn jetzt sind wir noch depressiver als er, wir leiden noch viel mehr unter der Situation als er. Daher lassen wir nun eine Bemerkung fallen, die den Druck auf unseren Partner erhöht: *Vielleicht ist es Zeit, dass wir einmal eine größere Pause in unserer Beziehung einlegen* ... Auch hier geht unser Spiel wieder auf, wenn unser Partner seine Verlassenheitsgefühle nicht aushalten kann, sondern beginnt, um den Erhalt unserer Beziehung zu kämpfen. Nach einer solchen Nacht können wir am nächsten Tag befriedigt feststellen, dass unser Partner zum Zombie geworden ist. Wir haben ihm restlos jede Lebensenergie genommen und können sicher sein, dass von ihm in nächster Zeit keine vitalen Lebensimpulse mehr zu erwarten sind.

Uns geht es aber auch nicht gut. Statt unsere Schuld und wesentliche Täterschaft anzuerkennen, weisen wir unsere Verantwortung ab, indem wir in eine tiefe Depression flüchten und uns über unser „Scheißleben" beklagen.

Reinszenierungen des Missbrauchs

Was wir hier eigentlich betreiben, ist die Reinszenierung des Missbrauchs, der in unserer Kindheit an uns begangen worden ist. Uns wurde die Lebendigkeit geblockt. Waren wir als Kind wütend, traurig oder hatten vitale Lustgefühle, dann ist einer vorbeigekommen und hat mit dem Hammer draufgeschlagen. Vielleicht wurden wir für unsere Lebendigkeit verprügelt. Dann wurde in unserem Nervensystem Lebendigkeit mit sofortiger Demütigung gekoppelt. Wurden wir sexuell missbraucht, dann hat man uns den vitalsten Ausdruck unserer Lebensenergie gleich von Anfang an vergiftet. Fortan erlebten wir Lust als Bedrohung und Hingabe als Untergang. Dann ist unser Leben von dem schwierigen Weg gezeichnet, diese Verdrehung aufzudecken und zur Hingabe zurückzufinden.

Parentifizierung: Kinder werden zu Eltern

Oder unsere Eltern haben uns parentifiziert. Dann haben sie uns die Kindheit und jede Lebendigkeit genommen, indem sie vor uns dekompensierten und sich von uns versorgen ließen. Als Kind haben wir die Verantwortung für sie übernommen und haben alles getan, damit sie einmal wieder lachten. Wir waren verantwortlich für ihre Gefühle und Stimmungen. Unser eigenes Leben haben wir ihnen opfern müssen. Immer war nur ihr Befinden wichtig, unseres war bedeutungslos. Auf unsere Kindheit, auf unsere vitale Lebendigkeit haben sie *geschissen!*

Täter werden internalisiert

Was uns nun angetan wurde, tun wir zunächst uns selbst an. Erst wurde das Leben in uns durch unsere Eltern oder Bezugspersonen unterdrückt, dann haben wir diese Unterdrücker als Teile internalisiert und unterdrücken nun selbst unsere Lebensimpulse. Im nächsten Schritt tun wir genau dies anderen an: Diese Abfolge ist ein Gesetz: Haben wir Missbrauch erlebt, dann werden wir missbrauchen.

Wir sind böse

Das muss so sein, weil das Kind in uns, dem die Lebendigkeit genommen worden ist, böse ist. Und es ist mit Recht böse. Das Kind in uns ist jedoch eine metaphorische Beschreibung, es bedarf hier der Vorsicht, um nicht dem oben beschriebenen Pseudo-Anerkennen zu verfallen. Denn es ist nicht ein Teil in uns, der von uns abgegrenzt da ist, sondern der durch und durch in uns da ist und unser ganzes Leben bestimmt. Wir sind böse. Das Böse ist lebendig in uns. Erst wenn wir bewusst böse sind – uns zu dem Bösen in uns bekennen, sind wir diesem Missbrauch nicht mehr ausgeliefert und nicht mehr von ihm beherrscht. Sich des Bösen in sich bewusst zu werden, heißt jedoch ganz und gar nicht, absichtlich einem anderen zu schaden. Es geht hier viel mehr darum, mit der Energie in Kontakt zu treten, die in der Verstellung des Bösen zum Ausdruck kommt. Diese Energie können wir zunächst als Aggression bezeichnen. Etwas ist wütend, das bringt diese Energie schon mehr ans Licht. Aber auch der Begriff Aggression ist noch ein Etikett, eine Zuordnung, eine Interpretation. Das Wort Aggression ist ein Zeiger, der auf eine Energie und Lebendigkeit hindeutet, es ist nicht die Energie selbst.

Erst wenn wir auch noch dieses Etikett fallen lassen, können wir direkt zu dieser Energie, die in uns lebendig ist, hinspüren. Dann begegnen wir einer Kraft, die von unten durch unseren Körper kommt und uns ergreift. Sie will durch uns durch, sie will durch unsere Körperzellen hindurchfahren. Wir können uns bewusst dieser Energie hingeben, indem wir ihr unseren Körper überlassen, während sie durch uns hindurchfährt. Tut man dann etwas Schlimmes? Schlägt man jemanden, läuft man Amok? Nein, gerade nicht. Solche Handlungen geschehen, wenn wir gerade keinen bewussten Kontakt zu unserer Aggression haben, sondern sie unterdrücken und verleugnen, sodass sie sich ins Böse verstellt. Dann müssen wir das Böse ausagieren.

Hier geht es um ganz etwas anderes: unserem Körper zuzugestehen, Intensität zu erfahren und ihn machen zu lassen. Dann ist diese Aggression ein Gewitter, eine energetische Entladung, ähnlich einem vollständigen Orgasmus, in dem ebenso eine gewaltige Kraft durch unseren Körper fährt – und zugelassen werden will! Beide, die sexuelle sowie die aggressive Kraft, sind Ausdruck vitaler Lebendigkeit; beide regulieren uns energetisch, wenn sie nicht behindert oder unterdrückt werden. Sonst kommen sie verstellt zum Ausdruck, denn zum Ausdruck kommen müssen sie. Kommen sie jedoch verstellt zum Ausdruck, also nicht pur durch den Körper, sondern verdeckt als Manipulation, staut sich diese Energie in unserem Körper und erzeugt einen dauernden Reizzustand, ähnlich einem schwelenden Vulkan, der nie zum Ausbruch kommt, aber ständig damit droht.

Anzuerkennen, ich bin wütend, löst es nicht. Die Wut, die Energie, wie sie im Körper kommt und da ist, direkt zu fühlen und ihr den Körper zu überlassen, führt zur Befreiung dieser Energie und verhindert ihre Verstellung zum Bösen, als welche sie sonst ausagiert werden muss. Entweder wird diese Energie direkt gefühlt, dann kommt es zu einer energetischen Entladung und zu einer Veränderung der Energie – oder sie kommt direkt als Böses zum Ausdruck. Insofern müssen wir uns dieser Energie sofort stellen, wenn sie kommt. Jeder Aufschub, jede Zensur, jedes Vertagen im Sinne: *Darum kümmere ich mich später, jetzt passt es gerade nicht!*, rächt sich bitter.

Nur was gefühlt wird, kann sich verändern

Wenn Eugene T. Gendlin, der Begründer des Focusing, sagt: Nur was gefühlt wird, kann sich verändern!, hat er recht, und das gilt insbesondere und vor allem in Bezug auf Aggression und Sexualität. Hier kommen wir allerdings mit einer Macht in uns in Kontakt, vor der unsere konditionierten Anteile, die Wächter, Angst haben, weil sie unkontrollierbar erscheint – und das ist sie auch. Sie ist größer als wir selbst. Wenn diese Energie kommt und wir ihr nicht ausweichen, sondern sie direkt im Körper spüren – wie *genau* sie durch uns durchkommt – erfahren wir den Sturm, aber dringen durch ihn hindurch in sein Auge vor: Noch während er durch uns tobt, werden wir still. Mit dem Sturm kommt der Frieden.

Intensität = Schmerz

Wir üben solange Missbrauch aus und müssen es zwanghaft tun, bis wir den Wächter in uns erkennen und anerkennen. Der Wächter *muss* die vitalen Lebensimpulse unterdrücken, weil sie für ihn eine Bedrohung darstellen. Er kann sie nicht zulassen und wird sich, sobald sie intensiv werden, als innere Stimme melden und sagen: Das ist zu viel! Stopp! Alles bremsen und auf Stillstand schalten! Er wird manipulativ eingreifen, dass uns sofort jede Lebensfreude vergeht. Das tut er, weil er vitale Lebensimpulse mit einem

Schmerz gleichsetzt, der um jeden Preis verhindert werden muss. Denn das ist seine Aufgabe: diesen Schmerz, koste es, was es wolle, zu unterdrücken. Seine Gleichung ist: Lebendigkeit, Intensität ist gleich Schmerz. Direkt unter dem Wächter befindet sich der Schmerz, der die Ursache seiner Entstehung ist, der in der Kindheit geschehen ist, als unsere Lebendigkeit traumatisch unterdrückt wurde. Diesen Schmerz will er abwehren.

Wir können uns aus der toxischen Lebensunterdrückung, die wir in der Kindheit erfahren haben, befreien, indem wir den Wächter und sein Wirken in uns klar erkennen und uns endlich dem Schmerz stellen, den er verdeckt. Es ist der Schmerz unseres Verlassenseins, der Schmerz, dass unsere Lebendigkeit keine Bedeutung hat und mit voller Gewalt niedergeschlagen wird. Diesen Schmerz müssen wir suchen und fühlen, ihn willkommen heißen, ihn herzlich einladen, sich zu zeigen.

Kapitel 17
Die Kindheit als Holocaust

Die Internalisierung des Missbrauchs, den wir in der Kindheit erfahren haben, meint also, dass sich in uns ein schützender Wächter über dem verlassenen Kind konstelliert hat. Der Wächter ist das Abbild des Täters, der uns missbraucht hat, und das verlassene Kind ist der Träger des Schmerzes – und unserer vitalen Lebensimpulse. Ist der Missbrauch in dieser Weise erst einmal internalisiert, findet er von nun an immer wieder und ständig statt. Der Missbrauch geschah nicht nur in unserer Kindheit und liegt dort sozusagen statisch herum, sondern er geschieht immer wieder neu und auch jetzt. Deshalb müssen wir gar nicht in unserer Kindheit herumgraben und der irrigen Idee folgen, wir müssten unsere Kindheit aufarbeiten, dann sei die Sache erledigt und wir wären endlich heil. Wir sind nie heil. Unsere Kindheit und der Missbrauch sind zu hundert Prozent im Jetzt repräsentiert. Und nur im Jetzt, im Hier und Jetzt des Körpers, in der Wahrnehmung, wie der Körper jetzt in der Gegenwart da ist und wie genau er sich anfühlt, kann er beendet werden. Wir können den Missbrauch in uns wahrnehmen, anerkennen und ganz bewusst erlauben.

Das ist der Weg heraus, er führt direkt durch dieses Nadelöhr hindurch, das sich aus der Spannung ergibt, in der sich unsere Wächter maximal gegen die Intensität der Gegenwart wehren und sie für unaushaltbar erklären.

Wenn wir hier bewusst im Körper dableiben, weder uns vom Sirenengesang des Wächters verführen, noch durch die Angst und Panik irritieren lassen, dann dringen wir zu unserer vitalen Wut vor und gelangen schließlich zu dem Schmerz unserer Ohnmacht und unseres Verlassenseins. Hier geschieht Hingabe – wir geben unsere Identifizierung mit unserem Wächter hin! Wir wandern durch unser Zwerchfell hinunter in unseren Bauch, spüren dort exakt zum vermeintlich Unaushaltbaren hin, beispielsweise einem Gefühl, als ob unsere Eingeweide zerfetzt werden, halten dies tatsächlich aus, und erfahren plötzlich ein überwältigendes Befreiungs- und Lösungsgefühl in unserem Becken. Wir erfahren, dass uns das Nichts trägt.

Machen wir nun diese Erfahrung und gehen durch das vermeintlich Unaushaltbare hindurch, heißt das nicht, dass wir fortan in der Seligkeit der Erleuchteten dahinwandeln und unser Sein in pures Glück zerfällt. Aber wir sind einmal aufgewacht, wir sind einmal da, ganz da, hier und jetzt im Körper, jenseits von Trauma, Missbrauch und Konditionierung. Das ist nun kein Gedankenkonstrukt mehr, kein philosophisches Postulat, sondern es ist in unserem Nervensystem als sinnlich spezifische Erfahrung gefühlt worden und angekommen. Und noch ehe wir uns versehen, schlafen wir wieder ein und befinden uns in der Identifizierung mit dem Wächter. Aber sein Griff hat sich gelockert.

Die Aggression zum Ziel bringen

Nun sind wir mit dem Bösen noch nicht durch. Wie wir gesehen haben, ist ein Mensch, der das Böse in sich nicht anerkennt, sondern verleugnet, gefährlich. Gefährlich ist er, weil er unbewusst böse ist und weil es ihm unbewusst bleibt, wie sehr er sich selbst schadet, wenn er anderen schadet.

Wir haben gesehen, dass das Böse daraus entsteht, dass wir den Täter, der uns Missbrauch zugefügt hat, als einen inneren Wächter internalisiert haben und uns mit ihm identifizieren. Wenn wir uns aus diesem Griff des Wächters lösen, werden wir uns mit unserer vitalen Wut auseinanderzusetzen haben; das heißt, wir müssen unsere Aggression direkt als eine Energie spüren, die in unserem Körper da ist und dort gefühlt, also gehalten werden kann, anstatt sie nach außen verpuffen zu lassen – und dabei den Kontakt zum Körper zu verlieren.

Das Böse ist eine Verstellung und Unkenntlichmachung purer Aggression. Es ist die Aggression, die wir unter-drückt haben, als wir den Täter, der uns missbraucht hat, internalisierten. Sie ist bei diesem Prozess auf der Strecke geblieben. Sie ist genauso überwältigend und mächtig wie die sexuelle Energie – wenn wir sie zulassen. Da kommt etwas durch uns durch, das uns ergreift und stärker ist als wir. Diese Ausformung der puren Aggression erleben wir als Wut, als brennenden Hass, und der hat nun aber ein präzises Ziel, nämlich denjenigen, der uns unsere Lebendigkeit genommen hat.

Die Eltern als Täter stellen

So endet das Böse in dem Moment, wo wir die Verstellung und Umleitung aufheben, indem wir unsere Aggression direkt zu ihrem eigentlichen Ziel führen und dort adressieren, in der Regel bei unseren Eltern. Der Hass auf sie ist völlig legitim, er muss ans Licht, und er muss an dieser Zieladresse ausgedrückt werden. Da gibt es kein Drumherum. Der Täter, sofern möglich, muss gestellt werden, und er muss mit dem Verbrechen, das er an uns begangen hat, konfrontiert werden. Erst dann findet der Hass in uns seine Ruhe und muss nicht mehr verdeckt als Böses auf Stellvertreter gelenkt werden. Dieser Schritt darf nicht ausgespart werden. Deshalb geht es auch nicht, dass wir heute bei Kaffee und Kuchen mit den Tätern, unseren Eltern, zusammensitzen, unsere Aggression und Vitalität unterdrücken und bei ihrem Spiel des Verleugnens mitmachen.

Unsere Kindheit ist unser Holocaust

Wenn wir einem Holocaust-Überlebenden vorschlagen, sich bei dem Gestapo-Mann, der ihn ins KZ gebracht hat, zu Kaffee und Kuchen einzufinden, mit der Auflage, keinesfalls über dieses Verbrechen zu sprechen, sondern darauf zu achten, dass sich der Gestapo-Mann gut fühlt und die Harmonie seiner Lügenidylle keinesfalls gefährdet ist, dann wird sich das Gesicht des Holocaust-Überlebenden glutrot färben. Mit Recht wird er uns direkt ins Gesicht spucken. Kann man einen Menschen mehr demütigen, sein Leid mehr verhöhnen, als ihm abzuverlangen, das Verbrechen im Angesicht des Verursachers zu verleugnen? Gibt es überhaupt eine noch unerträglichere Verdrehung von Täter und Opfer?

Nun mag man einwenden, dieser Vergleich sei völlig überzogen. Unsere Kindheit, seien wir nun geschlagen, sexuell oder seelisch missbraucht worden oder sogar alles zusammen, sei nicht mit dem Ausnahmeverbrechen des Holocaust gleichzusetzen. Täte man dies, würde man dem Holocaust den Status des Ausnahmeverbrechens nehmen und das Leiden der Holocaust-Opfer zu einem gewöhnlichen herabwürdigen. Genau darauf lege ich es hier an.

Wenn Menschen in der Kindheit sexuell missbraucht worden sind, ist es ein ganz großer, ein riesiger Schritt, wenn sie sich hinstellen und bekennen: Ich bin ein Inzest-Überlebender.

Niemals darf die Schwere des massiven Missbrauchs eines Kindes relativiert werden. Nichts, auch nicht der Holocaust, wiegt schwerer als ein solches Verbrechen oder kann es übertrumpfen. Ich weiß selbst, was es kostet, Missbrauch zu überleben – und welche Anstrengung es erfordert, nicht daran zu *krepieren*.

Ich lebe mit einem inneren Kritiker, der mich, gespeist aus der Familie, der ich entstamme, von morgens bis abends hasst und vernichten will. Ich habe einen Sohn, und ich kann sagen, dass ich mein Äußerstes versucht habe, den Missbrauch von ihm abzuhalten. Ich glaube, dass mir das angesichts der Schwere des Missbrauchs, den ich selbst erfahren habe, gelungen ist. Aber was war das für eine Arbeit? Wie viele Jahre Therapie und Bewusstmachung kosteten das? Ich musste mich meiner Wunde in der ganzen unerträglichen Dimension, die sie hat, stellen. Dort finde ich einen Jungen, den niemand haben wollte, und den man von Anfang an und mit allen Mitteln versucht hat, die Lebendigkeit auszutreiben oder sogar wirklich ums Leben zu bringen.

Mittlerweile habe ich mit so vielen Menschen gearbeitet und sie durch ihre Traumata begleitet, und doch bin ich immer wieder fassungslos, wenn das Kind in einem Menschen wieder hervorkommt und das Ausmaß seiner Verletzung zeigt.

Wenn der amerikanische Psychologe Peter A. Levine überall Trauma sieht, so ist mir das noch zu passiv. Das Trauma ist überall gegenwärtig, aber es entsteht durch Missbrauch, durch die allgegenwärtige Unbewusstheit, wie sensibel der Mensch in seinem Innersten in Wahrheit ist – und wie unendlich verwundbar ein Kind ist. Nicht wenige kommen in meine Seminare und können nicht fühlen, gar nichts, nichts! Sie können ihren Körper nicht wahrnehmen, sie können nicht spüren, wie es sich anfühlt, in ihrem Körper drinnen zu sein. Sie leben außerhalb des Körpers, in gedanklichen Konstruktionen von sich und mit unendlich einschränkenden Glaubenssätzen über sich und die Welt. Sie lassen sich hemmungslos missbrauchen und üben diesen Missbrauch aus, ohne etwas davon mitzubekommen. Dann gehen wir da gemeinsam durch und erlauben alles, wie es gerade ist. Irgendwann kommt dann unweigerlich die Wunde durch und der Schmerz kommt hoch. Das Ausmaß der eigenen Verletzung zu fühlen, führt zu einer Erschütterung der Existenz – und dann irgendwann und *endlich!* zum Verlust der Fähigkeit, jederzeit funktionieren zu können.

Man kann sich dann nicht mehr das antun, was zuvor selbstverständlich war. Man kann es nicht mehr hinnehmen, die Lebensenergie, die Lebendigkeit zu unterdrücken. Und an diesem Punkt endet der Missbrauch, an diesem Punkt beginnt man, seine Verwundbarkeit ernst zu nehmen und einzuschreiten, wenn es sich nicht gut anfühlt. Man spürt die eigene Grenze und beginnt, sie zu verteidigen, wenn sie übergangen wird. Wenn die Eltern noch leben, fängt man an, sie zu konfrontieren und hört auf, sich für ihr Wohl erneut zu opfern und diesen Missbrauch mit sich geschehen zu lassen. Man trennt sich endgültig von ihnen und verlässt ihren Bannkreis, indem man sich seiner Verlassenheit stellt und sie in Anwesenheit seiner Eltern direkt im Körper erfährt. Es kann sein, dass man den Kontakt zu ihnen abbricht, weil man merkt, dass es einem zu viel mit ihnen ist. Sie wollen nicht hören, immer noch nicht, wie es uns in Wahrheit geht, sie wollen sich dem nicht stellen, was passiert ist, sich nicht ihre Schuld eingestehen und erwarten von uns, über unsere Misshandlung zu schweigen und sie erneut zu erdulden. Aber wir müssen das nicht erdulden. Wir können sagen, dann geht es nicht, wir dürfen das, es ist unser Recht! Wir können sagen, bevor das, was passiert ist, bevor das, was mir von euch angetan wurde, nicht vollständig am Licht und anerkannt worden ist, gebe ich mich nicht weiter mit euch ab. Dies hat *nichts* mit Vergebung zu tun. Es hat nichts mit diesem unauthentischen Überhebungsversuch zu tun, sich von Hass und Groll zu befreien, anstatt die Berechtigung dieser Gefühle anzuerkennen und an der Zieladresse für sie einzutreten und auszudrücken. Vergebung ist eine Überhebung, ein Ausweichmanöver, sich der eigenen Aggression zu stellen und Bekenntnis abzulegen.

Einem nahen Menschen seine Aggression zu zeigen und zu ihr zu stehen, halte ich für eines der größten Geschenke, die man einem anderen überhaupt machen kann. Unsere Aggression zu spüren, zu halten und anderen zu bekennen, halte ich für die wesentliche Grundlage für eine authentische und ehrliche Beziehung. Ohne diese Grundlage wird jede Beziehung zu einem faulen Arrangement.

Kapitel 18
Missbrauch und Therapie

Vor kurzem las ich das Buch eines Familienstellers, was ich seit meiner Abkehr vom Familienstellen jahrelang nicht mehr getan hatte. Mit Skepsis hatte ich das Buch zur Hand genommen, das mir von einer Kursteilnehmerin ans Herz gelegt worden war. Die ersten sechzig Seiten gefielen mir aber. Offenbar hatte ich mich geirrt. Der Autor war zu ähnlichen Ergebnissen wie ich gelangt und schien einer radikalen Erlaubnis das Wort zu reden. Schon wollte ich mein anfängliches Störgefühl infrage stellen, mich bei der Teilnehmerin für den Tipp bedanken, da stieß ich auf ein Kapitel, wo der Autor sich über Trauma ausließ. Da las ich nun, der Begriff Trauma würde heute inflationär gebraucht werden – das meiste, was inzwischen Trauma genannt werde, sei gar nicht Trauma, sondern ein ganz normales Vorkommnis, das zum Leben dazugehöre. Man solle sich nicht so anstellen, im Krieg hatten die Leute ganz andere Sachen durchgestanden. Man kann auch was aushalten! Egal, was passiert sei, man habe schließlich überlebt, insofern solle man mal seinen Fokus auf die Kraft setzen, die man habe!

Ich glaube, zu einer solchen Auffassung kann man nur gelangen, wenn man keinen Kontakt zu der Verwundung seines inneren Kindes aufgenommen hat.

Es war Krieg!

Ich fühlte mich an Familienaufstellungen erinnert, wo die Kriegskinder (und die Kinder der Kriegskinder) sagen sollten: Es war Krieg. Punkt. Das sollte die Perspektive verändern und das Leiden, das die Kinder erfahren hatten, in eine andere Dimension rücken. Die Idee hierbei ist, dass das Schicksal unserer Eltern, da sie vor uns da waren, größer sei und mehr wiege als unseres, da wir später gekommen sind. So müssen sich die Kinder vor dem Schicksal ihrer Eltern beugen.

Mit anderen Worten: Wenn Krieg ist, ist es egal, ob die Eltern ihre Kinder schlagen. Es sind sowieso alle im Schock, der Krieg ist schuld. Angesichts des übermächtigen Waltens einer solchen Schicksalsdynamik wie Krieg fallen solche Kleinigkeiten, wie etwa seine Kinder zu schlagen, nicht ins Gewicht.

Meines Erachtens fegt dieser Ansatz das Leiden der Kinder vom Tisch und leugnet ihr Trauma. Wie ich in *Befreie dein inneres Kind* darlege, dürfen die Schicksale von Eltern und Kindern gerade nicht vermischt werden. Das Drama der Eltern, so schwer es auch sein mag, kann nichts von dem Drama der Kinder wegnehmen oder es relativieren.

Diese These des Familienstellens [10] führe ich hier nur auf, um ihr entschieden zu widersprechen. Denn meine Erfahrungen mit mir selbst und mit meinen Teilnehmern in den Seminaren führen zu einer diametral gegensätzlichen Auffassung. Die Idee, Trauma damit zu relativieren, dass Krieg ist oder dass das Schicksal der Eltern wichtiger sei als das eigene, ist ein Schlag ins Gesicht für jeden, der weiß, wie schwierig und wie bedeutsam die Anerkennung und Wiedergewinnung der eigenen Verletzbarkeit und Sensibilität ist. Ganz im Gegensatz zu diesem trauma-relativierenden Ansatz des Familienstellens betont der amerikanische Psychologe Peter A. Levine die generelle Präsenz des Traumas. Seine Arbeit halte ich für bahnbrechend, sie untermauert und bestätigt den Ansatz der Radikalen Erlaubnis.

Trauma als Normalität

Fast überall geschieht das Trauma, aber keiner erkennt es. Wir leben in einer Gesellschaft, die kollektiv traumatisiert ist und daher keine Sensibilität für Trauma entwickelt. In unserer Gesellschaft ist das Ignorieren von Trauma Normalität. Dennoch reagiert unser Körper auf jede körperliche oder seelische Verwundung mit massivem Stress, der körperlich wieder abgebaut werden muss – durch ein unwillkürliches Zittern oder ein Schlottern vor

Angst. Mit diesen unwillkürlichen Reaktionen reguliert sich der Körper und bewältigt zum Beispiel die hohe Stressenergie, indem er sie abschüttelt – ganz so wie eine Gazelle, die den Angriff eines Leoparden überlebt hat: Sobald sie sicher ist, bleibt sie stehen und beginnt eine Zitter- und Abschüttelbewegung, danach springt sie davon, als sei nichts gewesen. Bleibt diese Abreaktion hingegen aus, beispielsweise durch eine neue Gefahr, kann die Gazelle daran sterben.

Hier sei in Bezug auf die „Familienstellen"-Thesen noch einmal ausdrücklich betont: Bei der Entstehung von Trauma geht es nicht darum, ob Krieg war oder ob sich jemand zu sehr anstellt oder nicht. Ein Trauma zu bekommen, kann man sich nicht aussuchen, es trifft einen, da gibt es keine Wahlmöglichkeit. Und die Anerkenntnis, dass Krieg war, mag zwar eine sinnstiftende Zuordnung ermöglichen, aber sie kann die ausgebliebene Abreaktion des Körpers nicht ersetzen.

Verfleischlichung

Die Abreaktion von traumatischer Energie ist eine autonome Reaktion des Nervensystems, die in unseren älteren Hirnregionen (dem Reptiliengehirn) vermittelt wird, und auf die wir mit unserem evolutionär jüngeren Großhirn nicht direkt zugreifen können. Nur die vegetative

Selbstregulation unseres Körpers kann diese Starre in unserem Nervensystem, die das ungelöste Trauma verursacht hat, wieder lösen. Die Erfahrung des Felt Sense kann dies leisten. Die sinnlich spezifische Wahrnehmung der körperinneren Empfindung – wie sich etwas jetzt gerade exakt in unserem Körper anfühlt – erreicht die Ebene des Reptiliengehirns und ermöglicht es, dass die vegetativen Abreaktionen nachgeholt werden.

Dies können wir ganzheitlich erfahren: Wir merken, etwas stimmt nicht, da ist irgendetwas mit uns los. Wir erkennen das an und spüren eine Empfindung im Körper, die wir sinnlich spezifisch wahrnehmen und begleiten. Es tauchen Symbole auf, eventuell Bilder und Szenen aus der Vergangenheit, und etwas, das dort eingefroren war, kommt hervor. Wenn wir es anhören und radikal erlauben, so da zu sein, tut es den nächsten Schritt, meist begleitet von unwillkürlichen Mikrobewegungen des Körpers: Zittern, Schütteln, Kontraktionen des Zwerchfells (Schluchzen), Tränen. Gleichzeitig kommt dieses Gefühl auf: Jetzt ist es gut, jetzt ist es durch, und der tiefe Atem mit seiner Erleichterung zeigt, dass wir jetzt, ganz wie die Gazelle, die ihr Trauma abgeschüttelt hat, wieder frei sind.

Daher rede ich, wie es auch Levine macht, einer *Verfleisch-lichung* das Wort: einer bedingungslosen Hinwendung zum Körper und seiner Weisheit, die in der Wahrnehmung und Verfolgung seiner Mikrobewegungen liegt. Wenn wir das obige Beispiel wieder aufgreifen: Zwischen dem Hinnehmen der Aussage *Es war Krieg!* und dem bewussten Sich-Hingeben, Durchschreiten und Zum-Abschluss-Bringen der körperlichen Erfahrung von Trauma liegen Welten. Eine Therapie, die nicht in den Körper führt, die sich nicht an der subtilen körperlich-vegetativen Regulation des Körpers ausrichtet und dieser folgt, die nicht dazu führt, dass wir mit voller Bewusstheit vor Angst *schlottern* dürfen, geht fehl. Das ist die Bilanz, die ich persönlich nach rund dreißig Jahren theoretischer und praktischer Beschäftigung mit zahlreichen Therapieformen ziehe, und für die ich mich verbürge.

Kapitel 19
Mitten durch den Schock

Wenn wir beginnen, unsere Schockzustände überhaupt anzuerkennen, sie zuzulassen und wirklich zu erfahren, geschieht etwas ganz Großes. Wir beginnen, unsere ungeheure Sensibilität wiederzuentdecken, jene Verletzlichkeit und Verwundbarkeit, die wir als Kind hatten. Seitdem haben wir ungeheure Schichten auf unsere Wunden gepackt – Schichten, die als beinah undurchdringlich erscheinen. Wir haben ein falsches Selbstbild entwickelt, das reine Kompensation dieser Wunde ist.

Nicht mehr funktionieren

Wenn wir den Zugang zu unserer Wunde wiederfinden, finden wir zu uns selbst. Dann können wir uns selbst kaum noch Gewalt antun, ohne darunter entschieden zu leiden. Wir können uns nicht mehr selbst vergewaltigen, das heißt, wir können nicht mehr einfach funktionieren. Das ging vorher, als wir noch keinen Kontakt zu unserer Wunde hatten. Dort konnten wir noch sagen: Erst einmal funktioniere ich, und später, da sammle ich mich wieder ein. Das hört auf. Wir verlieren dieses zu jederzeit Funktionieren-Können, wir verlieren diese trügerische Wahlmöglichkeit, uns beliebig verleugnen zu können. Kontakt zu unserer Wunde zu haben, uns unserer Verletzbarkeit bewusst zu sein, heißt, diese toxische Wahlmöglichkeit zu verlieren! Stattdessen unterstehen wir von nun an dem Imperativ, unsere Verletzlichkeit ans Licht bringen zu müssen – denn dadurch befreien wir uns von Unterdrückung und Verstellung. Das hat weitreichende Folgen.

Scheinbar wird es schwerer

Nicht wenige Besucher meiner Seminare berichten, dass ihr Leben durch die Teilnahme an den Seminaren zunächst nicht leichter geworden sei, sondern schwerer. Der Job, den man macht, fünf Tage die Woche im Krankenhaus zu arbeiten, dabei die Kinder zu versorgen und den Haushalt zu führen, das alles könne man nun kaum noch leisten. Manche kommen in mein Seminar, machen tiefe Erfahrungen und sind am Sonntagabend offene Menschen, die mir ohne jede Zensur ins Gesicht sagen, wie es ihnen gerade wirklich geht, und dabei strahlen. Nach einigen Wochen sehe ich sie wieder, und es nichts mehr davon übrig, wir müssen wieder von vorne anfangen: Ja, du hast einen Körper! Ja, das Wichtigste ist es, zu spüren, wie du in deinem Körper jetzt da bist – das nicht verlieren, das ist deine Basis. Wie bist du jetzt da, wie fühlt es sich an, jetzt und hier, in deinem Körper da zu sein und deinen Bauch zu spüren …

Beziehungen zerbrechen

Vor kurzem kam ein Mann in mein Seminar und berichtete, er sei in eine schwere Depression gestürzt, daran sei sicher auch sein Power-Job schuld, der ihm keine Zeit lasse, vor allem aber sei es durch die Trennung von seiner Partnerin geschehen: Sie habe bei mir ein Seminar besucht und sich danach von ihm getrennt. Dann musst du doch wütend auf mich sein?, fragte ich ihn. Er hatte den Mut, das einzugestehen, er sagte: Ja, das bin ich auch. Ich habe mir die Videos angesehen und dich gehasst. Und trotzdem hat mich irgendetwas getroffen. Trotz allem habe ich gespürt, dass es richtig ist, was gerade geschieht, wenngleich es auch unendlich schwer ist. Und dass ich zu dir kommen muss.

Ich sagte ihm, das mich das berührt. Und dass ich das groß finde, dass er zu mir kommt, dem vermeintlichen Verursacher seiner Leiden. Später meldete er sich zu einer Übung vor der Gruppe mit mir. Zwanzig Minuten lang kam er nicht in seinen Bauch. Ich assistierte ihm dabei, sich zu erlauben, den Druck zu spüren, unter dem er stand. Was alles zu geschehen hatte und zu leisten war. Wie er von morgens bis abends, eigentlich jede wache Minute unter Druck stand. Als das alles gesagt und erlaubt war, entstand eine Lücke, eine Stille. Ich ließ diese Lücke da sein und spürte nach, wie sie sich exakt anfühlte. Es vergingen wohl vier, fünf Minuten, in denen nichts mehr gesagt wurde. Ich bemerkte, dass einige Teilnehmer begannen, unruhig auf ihren Plätzen zu rutschen. Diese Lücke auszuhalten, ist sehr schwierig. Die Wächter fangen an, panisch zu werden: Oh mein Gott, was kommt jetzt? Jetzt muss doch etwas kommen, das geht doch nicht, das kann doch jetzt nicht ewig so weitergehen ...

Unter dem Zwerchfell

Wenn die Lücke in dieser Weise aufreißt, gibt es nur zwei Möglichkeiten: Wir bleiben über dem Zwerchfell, dann müssen wir gedanklich emigrieren: Analysieren, an etwas anderes denken, an morgen, an die nächste Woche. Oder wir gehen unter das Zwerchfell und spüren, wie es sich im Bauch anfühlt, während die Lücke da ist.

Das machte der Teilnehmer. Mit einem Mal gab es eine energetische Veränderung, eine spürbare *Verdichtung* der Intensität: Etwas in ihm stieg auf, arbeitete sich von unten durch die Barrieren, es stockte am Zwerchfell, kam aber durch, es stockte am Kehlkopf, kam aber durch, und oben stockte es noch einmal an den Augen. Die Tränen sind da, sagte er, aber sie kommen nicht heraus. Sie müssen auch nicht, sagte ich, sie dürfen in deinen Augen steckenbleiben, für immer. Sofort brachen sie durch.

Ich kann einfach nicht mehr, ich kann nicht mehr, sagte er immer wieder. Nach einigen Minuten kam der tiefe Atem.

Der unterdrückte Teil, der nicht mehr konnte und nicht mehr wollte (die Depression), war ans Licht gekommen, und sein Körper konnte entspannen. Aus seinem Gesicht war die Anstrengung gewichen. Er war dankbar, dass der Kampf gegen die Kündigung, die er in sich trug, zu Ende war.

In der Schlussrunde berichtete er von seiner Angst vor der nächsten Woche. Er fürchtete, durch die Anforderungen wieder den Kontakt zu sich zu verlieren. Ich sagte ihm: Ja, du darfst das. Du darfst gleich morgen den Kontakt wieder komplett verlieren. Tue es sogar absichtlich. Mache es dir zur Aufgabe, gleich morgen, wenn nicht schon heute Abend, den Kontakt vollständig zu verlieren. Sag dir, bevor du zur Arbeit gehst: Weg damit! Ich habe jetzt kein Innenleben mehr, ich funktioniere nur noch ... Verleugne dich absichtlich und tue es ganz!

Wieder entspannte er sich, wieder kam der tiefe Atem. Ein Glück, sagte er, dass ich mir das erlauben darf.

Das ist ein großer Schritt, anzuerkennen, dass man den Kontakt verliert – zu erlauben, dass das so ist. Und dann es bewusst mitzuerleben. Das ist eine Veränderung zu zuvor, wo man den Verlust des Selbst bekämpft hatte und die Anerkennung, dass es so ist, zu verleugnen versuchte. Es wird nicht der letzte Schritt sein. Wir können immer nur einen Schritt nach dem anderen gehen, wir können nichts überspringen – nicht ohne unser Fundament zu verlieren. Aber der nächste Schritt, der eine, der uns genau jetzt dort abholt, wo wir gerade sind, der erhöht nicht den Druck, sondern nimmt ihn. Daher fühlt er sich stimmig an.

Kapitel 20
Im Auge des Sturms

Meine jahrelange Selbsterforschung, das Ausloten und Nachspüren, was in mir gerade geschieht, und die nachfolgende Anwendung und Überprüfung mit den Teilnehmern meiner Seminare haben mich zu dem Ergebnis geführt, dass das Anerkennen und körperliche Durchschreiten und Zulassen der Verlassenheitsgefühle der alles entscheidende Schritt ist. Schärfer formuliert: Wir müssen unsere Wunde spüren und offen halten. Diese Wunde zu suchen, sie berühren zu lassen und zu zeigen, enthebt uns von dem Druck, uns kontrollieren zu müssen.

Normalerweise tun wir alles dafür, in einer Komfortzone zu existieren. Manchmal gibt es Phasen, wo sich das ganz gut anfühlt, meistens aber sind sie kurz und bald schon beschäftigen wir uns nur noch mit dem Managen von Problemen und haben dabei das Gefühl, nicht mit uns selbst in Kontakt zu sein. Dann passiert etwas Schlimmes, unser Beziehungspartner verlässt uns, und unsere Verlassenheitsgefühle brechen durch: Jetzt spüren wir unseren Schmerz und blicken in das Drama unserer Kindheit. Dann gewinnen wir, getrieben von Panik, vielleicht unseren Partner zurück oder finden einen anderen, und bauen wieder unser altes Setting auf. Wir sind froh, dass die schmerzhafte Phase vorbei ist.

Bald aber schon fühlen wir uns wieder leer, das Einzige, was uns tröstet, ist, dass es nicht mehr so schlimm ist wie in der schmerzlichen Phase zuvor. Aber innerlich haben wir das Gefühl, wir entwickeln uns nicht weiter. Wir kommen der Freiheit, der Unbeschwertheit nicht näher, sondern denken beständig und sind selten in der Gegenwart mal ganz da. Das geschieht, weil unser Leben eine Lüge ist. Wir leben ein kompensatorisches Leben. Wir verschwenden unsere Zeit damit, unsere Verlassenheitswunde zu kompensieren, und die Ödnis und Langweile, die das erzeugt, zu unterdrücken. Wir arbeiten, wir gehen ins Fitness-Studio, wir treffen uns mit Bekannten oder Freunden, wir haben eine Beziehung, die uns beschäftigt, und doch ist dieses Gefühl von Schalheit da, das alles unterwandert. Wir sehr unser Leben auch funktioniert und tragfähig erscheint, tief im Inneren unterhalten wir die Ahnung, dass wir unser Leben verfehlen. Wir befinden uns in einer kollektiven Hypnose, in der wir uns gegenseitig suggerieren, es ginge darum, dass es uns gut geht und wir ein einigermaßen schönes Leben haben. Diese Annahme erweist sich, umso älter wir werden, umso ehrlicher wir hinschauen, als grundfalsch.

Intensiv leben

Tatsächlich sind die Phasen, in denen wir dekompensieren und unser gewohntes Leben auf der Kippe steht, die

Riesenchance, aus dem Druck unseres verlogenen Leben auszusteigen und wirklich zu uns zu finden. In diesen Phasen leben wir so intensiv wie nie zuvor, nur können wir diese Intensität nicht stehen und das Chaos nicht genießen. Kaum ist eine solche Phase da, wollen wir nur, dass sie wieder vorbei ist. Wie ein Rentner wollen wir aus der Behaglichkeit unseres Sessels auf das Gewesene zurückschauen und den wohligen Schauer genießen, es überstanden zu haben, aber drinnen zu bleiben, im Sturm, in sein Auge vorzudringen, das erscheint uns unaushaltbar.

In diesem Sinne sage ich, die dekompensierte Phase muss zur Dauerphase werden. Ich meine nicht die Dekompensation der Lebensumstände, sondern die innere Dekompensation. Sie muss gesucht werden und als das lebensrettende Element schlechthin erkannt werden. Innere Dekompensation meint, alle Versuche zu unterlassen, die Gefühle der Instabilität zu vermeiden, sondern gerade sie zu suchen und ihnen vorrangig nachzuspüren. Wir richten unser Leben auf unsere innere Brüchigkeit aus, auf die Erfahrung unseres Verletztseins, unseres ständigen Verwundetwerdens, auf die tiefe Scham, dieses Gefühl, tief in unserem Inneren, bedeutungslos, ja wertlos zu sein. Nicht aber, um uns beständig zu beklagen oder an unsere Umwelt die Erwartung oder Forderung zu stellen, davon geheilt und gerettet zu werden, sondern um sie im Körper exakt wahrzunehmen – das heißt, sie jenseits von solchen Benennungen als eine reine Energie zu erfahren. Das geht, und das verändert wirklich etwas in uns.

Die Angst, betrogen zu werden

Wenn wir eine Frau kennenlernen, die wir sexuell begehren, sie uns aber im Dunkeln darüber lässt, was sie sonst noch so treibt, dann können wir brennende Eifersucht erleben. Auch das ist ein Etikett, eine Benennung, und sie impliziert, dass es ein schlechtes Gefühl sei, eines, das man besser nicht haben sollte oder das man schnellstmöglich in den Griff kriegen muss – um zum Beispiel nicht zu einem Klammeraffen zu werden. Normalerweise würden wir versuchen, unsere Partnerin zu verändern. Wir würden ihr vielleicht eine Szene machen oder wir würden versuchen, ihr Informationen vorzuenthalten, sodass auch sie Eifersucht empfindet. Das sind dann Machtspielchen, in denen wir versuchen, am Drücker zu bleiben und unsere Komfortzone des Nicht-Bedroht-Seins endlich wieder herzustellen. Wenn wir das schaffen sollten, ist die ganze Intensität und Energie, die wir in der Eifersuchtsphase empfanden, verschwunden und anstelle ihrer die Ödnis getreten. Kann unsere Partnerin uns nun erneut eifersüchtig machen, steigt das Begehren und damit die Energie wieder an.

Beziehungen als ein Vehikel aufzufassen, das uns in Kontakt mit dem schlimmsten Verlassenheitsschmerz bringen soll, ist nun jedoch kein gängiges Beziehungsmodell, und daher findet man nicht ohne weiteres einen Partner, der das begreift noch dazu willens ist, sich seinem zentralen Schmerz zu stellen. Wenn es hart wird, flüchten die meisten ins innere Kind mit all den Erwartungen, doch noch gerettet zu werden. Nur wenige vermögen es, wenn die Verlassenheitswunde geöffnet wird, da zu bleiben, sie zu beobachten und zu stehen – ohne den anderen verantwortlich zu machen.

Nun müssen wir dabei erkennen, dass die Verlassenheitsgefühle tatsächlich nichts sind, was uns von außen zugeführt wird. Scheinbar betrügt uns der Partner, er enttäuscht uns wortwörtlich. Die Täuschung liegt darin, dass wir die Erwartung hegten, er würde es nicht tun. Wenn wir schon selbst einmal unseren Partner betrogen haben, haben wir vielleicht erfahren, dass wir uns diesen Seitensprung hätten sparen können. Er bedeutete uns nichts. Während wir mit dem anderen Sex hatten, dachten wir: *Nein, das bringt nichts, das rettet mich auch nicht. Eigentlich bin ich froh, wenn es vorbei ist und hoffentlich nichts davon herauskommt.* Würden wir unseren Partner nun den Seitensprung gestehen und berichten, wie enttäuschend die Erfahrung in Wirklichkeit war, würde unser Partner in der Regel die Wirklichkeit unserer Erfahrung, *wie es sich für uns wirklich angefühlt hat,* tilgen und ausschließlich auf die Tatsache fokussieren: Ich bin betrogen worden. Die Welt ist untergegangen. Dann würde das ganze Notfallprogramm unseres Nervensystems anlaufen: *Dies darf nie wieder passieren!* Dieser Schmerz, dass wir wertlos, bedeutungslos sind, – *dass wir austauschbar sind* – darf nicht gefühlt werden! Das geschieht im Gewand, das unschuldige Opfer zu sein, und daher ein Recht auf diese Reaktion zu haben.

Bei dieser Reaktion ist jedoch im Körper etwas passiert, was uns durch die Heftigkeit des Affekts in der Regel entgeht: Es kam eine Energie von unten hoch. Sie war so intensiv und so mächtig, dass etwas in uns Panik hatte, davon verschluckt zu werden. Dies ist die Angst vor der energetischen Todeserfahrung.

Wir sind, sobald wir in die Nähe dieses Sperrgebietes kommen, sofort mit dem Wächter in uns identifiziert, der alles dafür tut, das Betreten dieser Sperrzone zu verhindern.

Das Unaushaltbare halten

Daher gilt es, diesen Wächter zu *halten* und sein Bewusstsein soweit zu schärfen, dass wir mitbekommen, wenn er geladen und aktiv wird. Das geht nur im Körper. Dazu müssen wir in unserem Körper *drinnen* bleiben, während das vermeintlich Unaushaltbare geschieht. Wir müssen es stehen, während alles in uns weg will und wir nicht wissen, wohin das führt. Die Angst, die Panik, die zu spüren uns möglich ist, erreicht ihren Gipfel. Wenn wir uns hier halten und dabei bleiben, wenn wir durch dieses Nadelöhr des energetischen Sterbens hindurchgehen, kommt der Lohn. Der Lohn ist, dass uns eine ungeheure Energie zufließt und wir vor Freude und Freiheit beinahe zerspringen. Wir gewinnen Zugang zu der Energie, die wir seit unserer Kindheit verloren haben und deren Verlust wir mit Anstrengung und Mühe kompensiert haben. Nun ist sie da, sie kann als Luststeigerung gespürt werden, zum Beispiel als eine nie dagewesene „Geilheit".

Diese Geilheit entsteht auch immer wieder sofort, wenn unsere Verlassenheitswunde angetriggert wird und wir nicht flüchten, sondern das Starkwerden dieser Energie begrüßen und wollen. Nun ist aber der Begriff „Geilheit", den ich hier übergangsweise benutze, auch nur wieder ein Etikett. Auch sexuelle Energie ist ein Etikett. Nehmen wir diese Etikettierungen weg, und spüren diese Geilheit als Energie im Körper, exakt so, wie sie sich dort im Körper anfühlt, dann spüren wir vor allem Lebendigkeit, die sich nicht nur sexuell ausformt, sondern unseren Körper insgesamt durchflutet und als generelle Lebenslust – als Lust, jetzt im Körper da zu sein und sich der Intensität hinzugeben – erfahrbar wird. Mit anderen Worten, wir genießen es nun, da zu sein. Dazu brauchen wir nun keine Anstrengung unternehmen, keine Arbeit zu leisten oder irgendwie an unserer Psyche noch herumzudoktern, es ist der Genuss des Lebendigseins selbst, der uns trägt. Und wir sind voll in unserem Körper und ganz in der Gegenwart. Die Gegenwart ist nichts mehr, zu dem erst noch hingefunden werden muss. Der Feind, mit dem wir unbewusst rangen, ist da, und wo er da sein und gefühlt werden darf, entpuppt er sich gar nicht als Feind, sondern als die freundlichste und stärkste Energie, die wir überhaupt erfahren können.

Es dem Nichts übergeben

Diese Energie, die wir erfahren, wenn wir uns durch das Nadelöhr der Verlassenheit hindurchspüren, kommt aus dem Nichts. Dieses Nichts können wir tief unten in unserem Körper spüren. Dort unten ist ein Kosmos, ein Weltall, eine endlose Weite, und sich diesem Nichts hinzugeben, diesem *Nicht mehr wissen und nicht mehr wissen zu wollen*, gibt uns ein Gefühl von Freiheit und Erlöstheit. Unsere Kompensationsversuche entlarven sich in dem Moment, wo wir Kontakt zu diesem Nichts unter uns bekommen. Gleichzeitig entspannt sich unser Becken, und wir können, was immer auf uns geworfen wird, durch uns durchlassen. Wir können es dem Nichts präsentieren und es ihm übergeben.

Der Schlüssel zur Lebensenergie

Das sind natürlich Gipfelerlebnisse, und sie werden wieder vergehen. Haben wir aber von diesem Nektar einmal gekostet, schmeckt uns das Brot unseres Normalbewusstseins nur noch bitter. Wir wollen diese große Befreiung wiederhaben. Und dann erkennen wir, dass kein Weg am Spüren unserer Verlassenheit vorbeiführt, um von dieser Freiheit zu kosten. Dass sie *der Schlüssel* zu unserer Lebensenergie ist. Dann werden wir von Vermeidern und Kompensatoren plötzlich zu Suchern und Provokateuren unserer Verlassenheitswunde. Hiermit fällt auch das klischeebesetzte romantische Beziehungsideal, an dem im Grunde jeder verreckt, und entlarvt sich als die Betäubungsdroge schlechthin.

Die etwas andere Paarbeziehung

Wenn wir mit dieser Ausrichtung nun eine Paarbeziehung eingehen, dann nur, um die Beziehung zu uns selbst zu vertiefen und frei zu werden. Wir wollen gerade nicht sicher sein, wir wollen gerade nicht in diese Falle tappen, doch noch wieder gerettet zu werden. Stattdessen laden wir den anderen ein, uns bewusst in unser Herz zu stechen. Hierbei müssen sich beide Partner voll bewusst sein, was sie tun.

Beide Partner müssen willens sein, ihren Verlassenheitsschmerz zu fühlen und einander zu bekennen – anstatt den Kontakt abzubrechen oder in die Kompensation zu flüchten. Um also eine stabile Beziehung mit einem Partner jenseits der üblichen gesellschaftskonformen Rollenklischees zu führen, bedarf es zweier Partner, die sich bewusst sind, dass sie kompensieren, und die beide bereit sind, die Verlassenheitswunde bewusst zu öffnen, sie geradezu zu suchen und einander zu zeigen.

Im Dezember 2013, während der Sturm Xaver durch Norddeutschland tobte und ein Ausnahmezustand herrschte, fuhr ich direkt in den Sturm hinein, um an der Nordsee ein Seminar zu geben. Das Seminarhaus lag an der Küste und dort, mitten im Auge des Sturms, während die Winde an dem Dach zerrten und wüteten, hatte ich nachts einen Traum: Ich traf in dem Seminarraum auf ein Paar, das dort ganz bescheiden saß und mich liebevoll anlächelte. Ich trat auf sie zu, da sagten sie: Wir sind bereit, dir jederzeit tief in dein Herz zu stechen. Dann verneigten sie sich.

Anhang

A. Weiterführendes Angebot

B. Biografische Notiz und Autorenfoto

C. Anmerkungen

D. Literaturhinweis

A. Weiterführendes Angebot

Radikale Erlaubnis Onlinekurs

Seit 2024 stellt Mike Hellwig nach 30jähriger therapeutischer und künstlerischer Erforschung die Essenz seiner Methode in einem Radikale Erlaubnis Onlinekurs zur Verfügung. Mehr erfahren unter:

https://www.radikale-erlaubnis.de

B. Biografische Notiz und Autorenfoto

Mike Hellwig

Ich beschäftigte mich bereits während meines Studiums der Germanistik, Sportwissenschaften und Pädagogik intensiv mit Psychologie, vor allem der Psychoanalyse, und studierte das Gesamtwerk Freuds. Enttäuscht vom akademischen Lehrbetrieb und ernüchtert von der Perspektive, Lehrer zu werden, brach ich kurz vor meinem Staatsexamen das Studium ab, entschloss mich zu einem alternativen Weg und wurde Heilpraktiker. Um das zu finanzieren, fuhr ich in den Wochenendnächten Taxi. Dabei trainierte ich die Fähigkeit, mich in Menschen einzuspüren und zu erfühlen, was sie gerade brauchten. Diese Phase als Taxifahrer, die ich in der Rückschau für eine meiner wichtigsten psychologischen Ausbildungen halte, endete, als ich eine Heilpraktikerschule entwickelte, in der ich die Teilnehmer in nur einem Jahr zum Heilpraktiker ausbildete. Diese Schule gab mir über fünfzehn Jahre lang den finanziellen Rückhalt, mich in zahlreichen Psychotherapien ausbilden zu lassen und die Begründer und führenden Vertreter der jeweiligen Methoden aufzusuchen.

So befasste ich mich Mitte der 1990er Jahre zunächst vier Jahre lang mit Transpersonaler Psychologie und Holotroper Atemarbeit und besuchte Seminare bei Stanislav Grof.

Eine schwere persönliche Krise im Jahr 2000 führte mich zu einer völligen therapeutischen Umorientierung: Ich ließ mich in Hypnose nach Milton H. Erickson und NLP ausbilden, wendete mich aber, als ich den NLP-Lehrtrainerstatus erreichte, dem Familienstellen zu und besuchte Ausbildungsseminare bei Bert Hellinger. In dieser Zeit entwickelten sich bei mir Panikattacken, die auftraten, wenn ich als Familien-Aufsteller Seminare gab. Auch die persönliche Arbeit mit Bert Hellinger konnte dieses Symptom nicht kurieren. Ich entschloss mich daraufhin, die Dynamiken des Familienstellens, die Hellinger zu der Zeit gefunden hatte, infrage zu stellen und schließlich umzudrehen. Das führte mich zur Arbeit mit dem inneren Kind und heilte meine Panikattacken.

2006 kombinierte ich die „Umdrehung" des Familienstellens mit der Arbeit des inneren Kindes. Aber erst das Focusing von Eugene T. Gendlin schloss die „körperliche" Lücke und ermöglichte mir, meinen eigenen Therapie-Ansatz zu finden, den ich in meinem erstem Buch *Befreie dein inneres Kind* unter dem Begriff Erlaubnis-Imagination darstellte.

Danach intensivierte ich die Erforschung meiner eigenen Geschichte und Psyche intensiv mit den Mitteln des Focusing und begann verstärkt, das Focusing für meinen künstlerischen Ausdruck zu nutzen. Ich erlangte einen unzensierten Zugang zu meinem inneren Kind, sodass Bilder und Geschichten entstanden, die ich direkt aus meinem

Unterbewusstsein aufsteigen lassen konnte. Ich befasste ich mich intensiv mit dem Improvisationstheater, suchte dessen Begründer Keith Johnstone auf, und trat kurzzeitig als Comedian und Improschauspieler auf. Diese Zeit des hemmungslosen künstlerischen Ausdrucks spiegelt sich in dem Buch „Radikale Kreativität" wider.

Dabei gelangte ich zu Ergebnissen, die mich vom Focusing abrücken ließen, ohne es zu verwerfen. Insbesondere bemerkte ich, dass ich einen comedyhaft provokativen Seminarstil entwickelt hatte, der das Sich–Bekennen und spielerische Totalisieren von Identifizierungen in den Vordergrund rückte.

Um die Eigenständigkeit meines Ansatzes zu überprüfen und meinen therapeutischen Stil abzugleichen, suchte ich die persönliche Konfrontation mit zwei Ikonen der therapeutischen Szene: Ich nahm an Ausbildungskursen von Gene Gendlin teil und besuchte eines der letzten Internationalen Trainings in Gewaltfreier Kommunikation von Marshall Rosenberg.

Diese Auseinandersetzungen und Erforschungen führten mich zur Konzeption eines Grundmodells der konditionierten menschlichen Psyche (innerer Kritiker – Rebell – verlassenes inneres Kind), das ich sowohl in meinem dritten Buch *Wie wir uns vom Positiven Denken heilen* als auch im vorliegenden differenziere.

C. Anmerkungen

[1] *Felt Sense, Feltsensing, Felt Shift:* ganzheitliches Körperempfinden; ein von Eugene T. (kurz Gene) Gendlin geprägter Begriff, der das ahnende Spüren, das körperliche Gespür, was stimmig ist und wohin das Lebendige in uns will, meint. Der Felt Sense ist zunächst ein vages Gefühl zu etwas, das leicht übergangen werden kann. Wenden wir uns aber dem Felt Sense zu, indem wir sinnlich spezifisch ins Vage hineinspüren, konkretisiert sich der Felt Sense zu einem Komplex aus Gefühlen, Symbolen und Gedankenprozessen, der zu einem bestimmten Schritt führt, der sich stimmig anfühlt.
Felt Shift: Dieser Schritt kann wie ein Ruck im Körper gespürt werden: Ah, das ist es. Gleichzeitig kommen ein tiefer Atem von unten und das Gefühl, dass sich etwas in uns gelöst und befreit hat.

[2] Den individuellen und kollektiven Irrsinn des positiven Denkens habe ich in dem Buch „Wie wir uns vom positiven Denken heilen" dargestellt.

[3] *Osho: (1931 – 1990)* Umstrittener spiritueller Lehrer, der sich als erleuchtet bezeichnete, und zunächst unter den Namen Bhagwan Shree Rajneesh bekannt wurde. Er gründete einen Ashram in Poona und zog in den 1970er

Jahren durch seine Kombination von Spiritualität mit freier Sexualität und Weltoffenheit Tausende von westlichen Suchern an. In den 1980er Jahren zog die Kommune nach Oregon in die USA, wo es zahlreiche Konflikte gab, die schließlich zur Verhaftung und Ausweisung Oshos führten. Die Kommune kehrte zurück nach Poona (heute Pune) in Indien. Osho starb 1990, im Alter von 58 Jahren. Seine Anhänger nennt man „Sannyasins". (zum Teil zitiert aus Wikipedia)

[4] *Eckhart Tolle:* wurde 1948 in Deutschland geboren; nach eigenen Angaben erfuhr er im Alter von 29 Jahren seine Erleuchtung, wurde in den USA zu einem spirituellen Superstar und tritt seitdem weltweit auf. Er lebt heute in Vancouver, Kanada. (zitiert aus Wikipedia)

[5] *Vgl. C.G. Jung, sinngemäß:* Erleuchtung erlangst du nicht, wenn du sie anstrebst, sondern wenn du dir der Finsternis bewusst wirst, in der du stehst.

[6] *Identifizierung und Exilierung:* detailliert ausgeführt in „Wie wir uns vom positiven Denken heilen", Seite 131 ff.

[7] Vergleiche hierzu die detaillierten Ausführungen in „Wie wir uns vom positiven Denken heilen", Kapitel 14: Die Wächter, Seite 112 ff.

[8] Vergleiche hierzu Peter A. Levine: Sprache ohne Worte, Seite 20 ff.

[9] Diese Kettenbildung von Schmerz und Gewalt stelle ich ausführlich in „Wie wir uns vom positiven Denken heilen" dar, Seite 45 ff.

[10] Diese hier aufgeführten Thesen waren um das Jahr 2000 in der Diskussion, und ich hoffe, sie mögen heute veraltet und längst überwunden sein. Ich habe allerdings keinen Kontakt mehr zu der Szene des Familienstellens, deshalb kann ich das nicht beurteilen. Ich habe allerdings gehört, dass Bert Hellinger selbst längst ganz anders arbeitet.

D. Literaturhinweis

Bradshaw, John: Wenn Scham krank macht,
Knaur: München 2006

Gendlin, Eugene T.: Focusing-orientierte Psychotherapie:
ein Handbuch der erlebensbezogenen Methode,
Pfeiffer: München 1998

Ebd.: Dein Körper – Dein Traumdeuter,
Otto Müller Verlag: Salzburg 1998

Ebd.: Focusing, Rowohlt: Reinbek 2004

Ebd.: Focusing in der Praxis (mit Johannes Wiltschko),
Pfeiffer: Stuttgart 2004

Ebd.: Focusing und Philosophie (Hrsg. Johannes Wiltschko),
Facultas: Wien 2008

Hellwig, Mike: Befreie dein inneres Kind,
Lüchow: Stuttgart 2007

Ebd.: Die Kraft deines inneren Kindes, Lüchow: Stuttgart 2009

Ebd.: Wie wir uns vom positiven Denken heilen,
Herder: Freiburg 2012

Levine, Peter A.: Trauma-Heilung, Das Erwachen des Tigers,
Synthesis: Essen, 1998

Ebd.: Vom Trauma befreien, Kösel: München 2007

Ebd.: Kinder vor seelischen Verletzungen schützen,
Kösel: München 2010

Ebd.: Verwundete Kinderseelen heilen, Kösel: München 2011

Ebd.: Sprache ohne Worte, Kösel: München 2012

Masters, Robert Augustus: Spiritual Bypassing,
North Atlantic Books, Berkeley 2010

Ebd.: Transformation through Intimacy,
North Atlantic Books: Berkeley, 2012

Ebd.: Emotional Intimacy, Sounds True: Boulder, 2013

Ebd.: Meeting the Dragon, Masters: Ashland 2013

Meister Eckhart: Deutsche Predigten und Traktate,
Diogenes: Zürich 1977

Miller, Henry: Wendekreis des Steinbocks,
Rowohlt: Reinbek 1980

Osho: Autobiografie, Ullstein: Berlin 2007
Ebd.: Das Buch vom Ego, Ullstein: Berlin 2008
Ebd.: Emotional bewusst, Arkana: München 2008
Ebd.: Mut, Ullstein: Berlin 2008
Ebd.: Bewusstsein, Ullstein: Berlin 2009

Rajneesh, Bhagwan Shree: Mein Weg: Der Weg der weißen
Wolke, Herzschlag: Berlin 1978

Reich, Wilhelm: Charakteranalyse,
Kiepenheuer und Witsch: Köln 2009
Ebd.: Die Funktion des Orgasmus: Die Entdeckung des
Orgons, Kiepenheuer und Witsch: Köln 2009

Rosenberg, Marshall B.: Gewaltfreie Kommunikation. Eine
Sprache des Lebens, Junfermann: Paderborn 2007

Schwarz, Richard C.: Systemische Therapie mit der inneren
Familie, Klett-Cotta: Stuttgart 2007
Ebd.: Das System der inneren Familie,
Books on demand: Norderstedt 2008

Tolle, Eckhart: Leben im Jetzt, Arkana: München 2002
Ebd.: Stille spricht, Arkana: München 2003
Ebd.: Eine neue Erde, Arkana: München 2005
Ebd.: Jetzt! Die Kraft der Gegenwart, Kamphausen:
Bielefeld 2010

Trobe, Thomas: Liebeskummer lohnt sich doch, Koregaon, Verlag Friedhelm Schrodt: Herrsching 2003

Ebd.: Liebe ist kein Kinderspiel, Koregaon, Verlag Friedhelm Schrodt: Herrsching 2006

Weiser Cornell, Ann, mit Barbara McGavin: The Focusing Student´s and Companion´s Manual, Part One and Two, Caluna Press: Berkeley 2002

Ebd.: The Radical Acceptance of Everything, Caluna Press: Berkeley 2005

Wolinsky, Stephen: Trances people live, Bramble Books 1991

Ebd.: Die dunkle Seite des inneren Kindes, Lüchow: 1995 Bielefeld

Ebd.: The way of the human, Volume 1, Quantum Inst.: Capitola 1999

Ebd.: Intimate Relationships: Why They Do and Do not work, Quantum Inst.: Capitola 2000

Ebd.: Beginners Guide to Quantum Psychology, Quantum Inst.: Capitola 2000